自然災害から
人命を守るための
防災教育マニュアル

柴山元彦
Shibayama Motohiko

戟　忠希
Hoko Tadaki

創元社

はじめに

　私たちの住む日本列島は四季の変化に富み、美しい自然景観に恵まれています。このような恩恵を受ける一方、厳しい自然現象や大規模な自然災害に見舞われることもあります。恩恵と災害のバランスの中で私たちは生活してきたのです。しかし近年、そのバランスが崩れたかのように、自然災害が頻繁に発生するようになっています。

　また、他の場所で災害が起きても、以前は、自分までそのような災害にはあうことはないだろうと何となく楽観的に思っていました。ところが近年の災害を見ているといつ自分も同じような自然災害にあうかもしれないと感じざるを得ないほどになっています。

　ほとんどの種類の自然災害が発生する日本列島に住む私たちはそれを避けて通ることができません。いつ自分に降りかかってくるかもしれない災害に常に備えておく必要があります。そのためには自然災害をよく理解し、災害から身を守るには平常時からどのようなことを準備しなければならないかを考えておくことが大切です。

　2011年3月11日の東日本大震災を見てみると、津波堤防や津波避難タワーなどのハードな防災施設はほぼ破壊されてしまいました。災害ではいつも想定外のことが起きます。災害から身を守るためには、結局はハードに加えて、ソフトの部分である防災教育や避難訓練などが欠かせないことが、改めて明らかになりました。災害をもたらす自然現象を、子どもから大人までが理解し、常にそれに備えておけるようにしていくことが重要なのです。つまり、災害への対処的な説明・マニュアルだけでなく、防災教育の充実こそが望まれるのです。

　そこで、児童、学生や市民のための教材ツールなどを含む、種々の自然災害の仕組みや知識を1冊に易しくまとめた書籍があれば、防災教育の一翼を担えるのではないかと考えて本書を執筆しました。

　防災教育は、非常時に備えるだけの特別な訓練や教育だけにとどまってい

てはなりません。災害時には想定外のことが必ず起きるものです。そのため、それを乗り越える力(思考力・判断力)を身につけなければなりません。そのような力は、どのようにすれば身につくのでしょうか?

その方法は、理科教育における自然観の育成と同じものです。つまり第1段階がイメージ教育(興味関心を高める)、第2段階が模擬演習(実験・体験で体感する)、第3段階が知識理解(自然現象の理解に努める)、そして第4段階で思考判断(判断力を身につける)です。

防災教育もこれと同じです。第1段階で感覚に訴え、第2段階では体で実感し、第3段階では頭脳で理解させ、第4段階で判断力を身につけて実践するという、順序が大切といわれています。

本書は各災害について、この順序に沿って構成しました。各災害の第1節では災害の恐ろしさを感覚的に知ってもらい、第2節ではその現象を実体験できるように、実験や実際の災害の映像や体験ができる施設などの情報を充実させました。第3節ではその災害がどのようにして起きるかを解説し、第4節では災害から身を守るにはどのような方法があるかを述べています。

市民の方や小・中・高校での防災教育の参考に、さらに行政の防災関係者が地元住民へ防災の必要性を普及するためなどに、本書を利用していただければ幸いです。

兵庫県南部地震、東北地方太平洋沖地震の大津波、広島土砂災害、御嶽山噴火による災害、竜巻の多発、紀伊半島大水害のように、地震、津波、土砂、火山、豪雨とさまざまな自然災害が私たちの周りで発生し、今後も予期せぬ災害が発生するでしょう。本書はこれらの災害の基本知識と情報を1冊にまとめました。

「天災は忘れたころにやってくる」という寺田寅彦の有名な警句がありますが、最近では「天災は忘れぬうちにやってくる」ものに変わってしまった感があります。自然災害の発生が避けられないならば、知識を身につけ思考力・判断力を養うことが、少しでも災害を軽減すること(減災)につながるでしょう。本書がそのような一端を担うことができれば大きな喜びです。

柴山元彦

目次

はじめに 2
目次 4
本書の見方・使い方 6

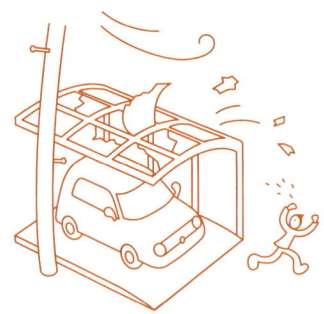

第1章 地震災害 ……………………………………………… 7

1 地震は怖い！ 8
2 地震の実験・体験・見学 14
3 地震を学ぶ 22
4 地震災害に備える 32

第2章 津波災害 ……………………………………………… 37

1 津波は怖い！ 38
2 津波の実験・体験・見学 45
3 津波を学ぶ 50
4 津波災害に備える 54

第3章 土砂災害 ……………………………………………… 59

1 土砂は怖い！ 60
2 土砂災害の実験・体験・見学 64
3 土砂災害を学ぶ 69
4 土砂災害に備える 77

第4章　火山災害 ……………………………………………… 85

1. 火山は怖い！　86
2. 火山の実験・体験・見学　92
3. 火山を学ぶ　97
4. 火山災害に備える　105

第5章　風災害（台風・竜巻など） …………………………… 115

1. 竜巻は怖い！　116
2. 台風や低気圧の風も怖い！　118
3. 強風実験・体験・見学　122
4. 強風を学ぶ　126
5. 風災害に備える　138

第6章　水害 …………………………………………………… 145

1. 水は怖い！　146
2. 水害の実験・体験・見学　154
3. 水害を学ぶ　157
4. 水害に備える　163

避難時マニュアル　173
おわりに　174
参考文献　175
写真、図版の出典　175

◆本書の使い方◆

- HPアイコン  このマークがある箇所は、本書の出版社である創元社のホームページから、その団体・機関・事項などの情報にアクセスすることができます。

【アクセスの方法】
1. 下記のQRコードもしくはURLから、本書の紹介頁にアクセスします。
2. その頁内にある[防災教育関連情報]のアイコンをクリックします。
3. クリックすると、リンクの一覧が出てきますので、目的の情報にアクセスしてください。

※なお、本書の記述は、2015年2月時点のものです。

http://www.sogensha.co.jp/booklist.php?act=details&ISBN_5=31039

【凡例】
- 一、撮影者や提供者のクレジットがない写真については、著者または編集部で撮影しました。また、提供者や出典の記載のない図については、編集部で作成しました。なお、写真や図版の提供者の一覧を巻末に収めました。
- 一、被害状況の詳細については、2015年2月時点のもので、気象庁や国土交通省などの各省庁や全国各自治体などが公表している文書にて確認したものです。
- 一、資料館・見学・体験施設の情報は、2015年2月時点のものです。実際に訪れる際は、最新の情報をホームページなどで確認することをおすすめします。
- 一、各官庁、行政が出しているデータは確認できる限り最新版のものを使用しました。
- 一、本文中の「HP」は「ホームページ」を意味します。

装　　画……石田尊司
本文イラスト……モンキャラメル（松下久仁子＋榊原ますみ）
造　　本……鷺草デザイン事務所＋東 浩美
編集協力……太田明日香

第 1 章

地震災害

建物の倒壊により通行不能になった道路

1 地震は怖い！

　正月気分がまだ抜けきらない1月のある日の早朝、大阪市内の地面から突然"ゴォォ～"という地響きが聞こえてきました。驚いて、目を覚ますと、家がグラグラと大きく揺れました。これほど大きな地震の揺れは近年ないものでした。この不気味な地響きの音はしばらくの間、多くの市民の頭から離れませんでした。

　震源に近い神戸市では、地響きではなく、爆弾が落下したような"ドーン"という音と同時に家が大きく揺れたということです。

　その日、実際に家具が転倒したり、家が倒壊しなかった地域では、揺れがおさまると普段の生活通り、家を出て通勤電車などに乗ろうした人が大半でした。

　ところが、普段使う公共交通が動いていません。仕方なく家に戻りテレビをつけると、空からの被災地の状況が映し出されていました。あちこちで煙が出て、すさまじい火災の状況や建物の倒壊状況が続々と明らかになっていきました。まさに地獄絵でした。

　1995年1月17日5時46分52秒に発生した兵庫県南部地震によって、阪神地区は神戸、淡路を中心に壊滅的な被害を受けました。

■ 兵庫県南部地震での家屋倒壊状況（神戸市長田区）

（財団法人消防科学総合センター）

一口メモ 「地震・雷・火事・大風（おおやじ）」が元来の慣用句であったという説があります。

● **大正関東地震（関東大震災）**

　大正関東地震とは、1923(大正12)年9月1日に発生した神奈川県相模湾北部を震源とするマグニチュード(M)7.9の海溝型の巨大地震です。神奈川県・東京府を中心に千葉県・茨城県から静岡県東部までの内陸と沿岸に広い範囲で甚大な被害をもたらし、日本災害史上最大級の被害を与えました。本地震による地震災害は関東大震災と呼ばれます。

　関東大震災の死者・行方不明者数は、約10万5000人で、我が国の災害史上最悪のものです。被害のうち火災による死者は約9万2000人で圧倒的に多く、また強い揺れで住宅が全壊したことで死者数は約1万1000人に及びました。住宅の全壊数は神奈川県に多く見られました。

　火災、建物の全壊による被害以外に神奈川県箱根、丹沢を中心に多くの土砂災害が発生し、沿岸部では津波による被害も発生しました。

　火災の発生と建物の全壊が密接に関係していることが分かり、建物の耐震性を上げることの重要性が指摘されました。このため、1924(大正13)年の市街地建築法(1919年公布、1920年施行)の改正において、我が国初の耐震基準が規定され、今日の建築基準法のもとになっています。

● **新潟地震**

　新潟地震とは、1964(昭和39)年6月16日に発生した新潟県下越沖を震源とする地震(M7.5)です。新潟県、秋田県、山形県などの日本海側を中心とした9県で被害が発生しました。家屋の倒壊などの激しい被害となりました。

　地震発生から15分後には津波の第一波が襲い、津波による被害もありました。特に新潟市内では火災と液状化による家屋被害が発生しました。なお、当時はまだ液状化現象という言葉はなく「流砂現象」という言葉が使われていました。

　新潟地震の発生はちょうどカラーテレビが普及し始めた時期であり、豊富な記録映像が残った初めての地震です。

　海外メディアでも報道されるほどの大地震でした。被害の規模に比べて死者は26名と少数だったため、奇跡的だという声もありました。

■ 液状化により倒壊した県営アパート（『朝日新聞』1964年6月17日〔夕刊〕）

（朝日新聞社提供）

この現象により液状化という言葉が社会に広く知られるようになりました

●兵庫県南部地震（阪神・淡路大震災）

　兵庫県南部地震とは、1995年1月17日に発生した地震(M7.3)です。兵庫県南部を中心に大阪府、京都府に広がり、死者6343人、行方不明者3人に上る大規模な被害を出しました。そのうち、地震直後の家屋の倒壊による窒息・圧死による死者が77％を占めました。

　震源は兵庫県淡路島の野島断層付近で、地震により断層が大きく隆起して地表にも露出しました。この地震による災害は、阪神・淡路大震災といわれています。

　大都市直下を震源とする日本で初めての大地震であり、1995年に気象庁震度階級に震度7が導入されて以来、初めて震度7が記録されました。これは

■ 建物の倒壊により通行不能になった道路

（財団法人消防科学総合センター）

消防車などが通行できず消火活動に支障をきたしました

1996年9月30日まで運用されていた旧震度階級では最初で最後のものです。
　道路・鉄道・電気・水道・ガス・電話などのライフラインは寸断されて広範囲においてまったく機能しなくなりました。
　これ以降、都市型災害および地震対策を語る上で、ライフラインの早期復旧、活断層などへの配慮、建築工法上の留意点、仮設住宅などの行政の対策などが注目されるようになりました。
　この地震災害は、1995年1月25日の政令により、激甚災害法（規模が甚大な災害に対して国が財政援助、助成を行うことを目的とした法律）に基づく激甚災害に指定されました。

● 東北地方太平洋沖地震（東日本大震災）
　東北地方太平洋沖地震とは、2011年3月11日に発生した地震(M9.0)です。震源地は宮城県牡鹿半島の東南東沖130km、仙台市の東方沖70kmの太平洋の海底でした。発生時点において日本周辺における観測史上最大の地震です。
　なお、日本における地震観測は1875（明治8）年にスタートしました。震源域（地下の岩盤が破壊した場所）は広大で、岩手県沖から茨城県沖までの南北約500km、東西約200kmのおよそ10万km^{2}とされています。最大震度は宮城県栗原市で観測された震度7で、宮城・福島・茨城・栃木の4県37市町で震度6

強を観測しました。

　この地震によって発生した津波、およびその後の余震によって発生した大規模地震災害を東日本大震災と称します。この震災で特徴的な事故に、福島第一原子力発電所で発生した一連の原子力事故があります。ここでは、津波で電源を喪失したことによる炉心溶融と、それによる放射性物質の放出がみられました。

　この地震では、死者・行方不明者2万6000人以上が確認されました。特に水死による割合が90％を超え、津波の破壊的な威力が再認識されました。

　また、本地震では、気象庁マグニチュードに加え、モーメントマグニチュードの計算値(Mw9.0)も発表されました。

コラム　モーメントマグニチュード（Mw）

　マグニチュードとは、地震が発するエネルギーの大きさを対数で表した指標値です。マグニチュードが1大きいとエネルギーは約32倍大きくなります。

　一般に使用されるマグニチュードでは、おおむね8を超えると数値が頭打ち傾向になります。これを「マグニチュードの飽和」と呼びます。そのため巨大地震に対応できません。そこで地震は地下の岩盤のずれで発生することから、断層の面積×断層のずれ量×岩盤の剛性率を計算してモーメントマグニチュード求める方法が考えられました。なお、剛性率とは、ずれやねじれに対する抵抗の大きさを表す値です。

　そのため地震で滑った断層の規模とモーメントマグニチュードはほぼ比例します。

　例えば、マグニチュード7の場合は数十km、8の場合は100km位ということになります。

　モーメントマグニチュードは、「マグニチュードの飽和」を避け、巨大地震の規模を物理的に評価できます。

●地震災害の映像を見ることができるWebページ、DVD

　地震災害に関する映像は、YouTubeや国・自治体などのHPを検索すると見ることができます。また、DVDで見ることもできます。これらのうちから特徴的なものを示しました。

Webページ 🏠

これらのサイトでは、それぞれ以下の動画を見ることができます。
- ◉ 内閣府HP「防災情報のページ」内「災害の記録（映像）」
  - ・2004年自然災害の記録　地震編
  - ・関東大震災の記録
- ◉ 国土交通省東北地方整備局HP「震災伝承館」
  - ・東北大震災
- ◉ 地震報道映像ライブラリーHP「ライブラリー室」
  - ・2007年
    能登半島地震、千島列島の地震（津波）
  - ・2005年
    新潟県中越地方の地震、宮城県沖の地震、千葉県北西部の地震、福岡県西方沖地震
  - ・2004年
    北海道留萌地方の地震、北海道釧路沖の地震、新潟県中越地震（新潟県中越大震災）、紀伊半島沖の地震
  - ・2003年
    十勝沖地震、宮城県の地震（宮城県北部連続地震）、宮城県沖の地震（三陸南地震）
  - ・2001年　芸予地震
  - ・1995年　阪神・淡路大震災（兵庫県南部地震）
  - ・1993年　北海道南西沖地震
  - ・1983年　日本海中部地震
  - ・1948年　福井地震

DVD

- 『NHKスペシャル　巨大地震（MEGAQUAKE）』(㈱NHKエンタープライズ)
- 『検証　巨大地震』(㈱オプチカル)
- 『改訂版　大地震発生！』(㈱オプチカル)
- 『地震・津波から生き延びる』(東映㈱　教育映像部)
- 『地震と津波から命を守る』(東京書籍㈱)
- 『日本列島　大災害の記録』(㈱NHKエンタープライズ)
- 『20世紀日本の地震災害』(財日本気象協会)
- 『東日本大震災　宮城県石巻市災害記録』(宮城県石巻市)
- 『東日本大震災の記録　3.11　宮城』(東北放送㈱)
- 『被災地から伝えたい　テレビカメラが見た東日本大震災』(㈱仙台放送)

2 地震の実験・体験・見学

　日本に住んでいる人で地震を経験したことがないという人は、ほとんどいないと思います。しかし、震度6以上の揺れを経験した人は多くはないでしょう。地震の模擬体験ができる起震車や、震災記念館など地震の怖さを体感できる施設・実験などを紹介します。

● プレート境界型地震の発生のモデル実験器

　海洋プレートの沈み込みに伴って、陸のプレートが引きずり込まれて限界になると、跳ね上がる様子が観察できます。

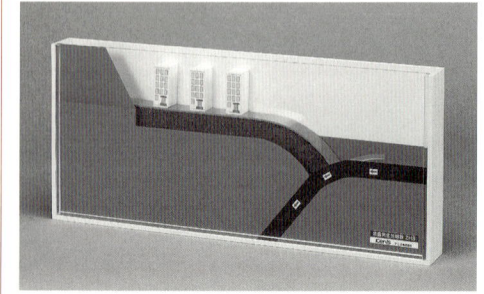

■ 地震発生説明器（幅500×奥行き50×高さ250mm）

（ケニス株式会社）

●日本の地震活動立体模型「震源くん」 HP

■ 震源くん

独立行政法人防災科学技術研究所が作成した「震源くん」は日本付近の震源分布を立体的に分かりやすく見ることができるように工夫されています。北海道から九州まで6つのブロックに分かれていて、各ブロックの展開図に地図と震源が印刷されています。それをさいころ型に組み立てると1つのブロックができ上がり、6面に震源分布が見られます。

それぞれのブロックごとに展開図が用意されていて、この研究所のHPからダウンロードできるようになっています。

●リクイファ君による液状化実験 HP

液状化現象（P27参照）は地中で発生し、その結果地表面では噴砂（P27参照）、噴水が見られます。しかし、地中での砂の動きは見ることができません。

そのため、液状化現象をイメージでとらえながら学習するための「液状化実験装置」があります。この装置は大阪市立大学名誉教授の中川康一氏によって考案されたもので、通称"リクイファ君"と呼ばれます（P16参照）。

この実験装置は、液状化現象を外から観察できるように、特殊な樹脂でできた透明度の高い容器を使用しています。この容器内に砂を充填し、適切な量の水を加えます。容器は、振動発生装置の上に配置します。

振動発生装置は、モーターで振動させます。また、振動の大きさを調整することで、液状化発生時間にどのような影響があるかを見ることができます。

さらに、同じ振動でも土に含まれる水分（含水比という）を変化させると液状化発生時間がどのように変化するかも見ることができます。具体的には、加える水を多くすると（含水比の増加）液状化が発生するまでの時間は短くなります。また、水を加えない場合は液状化しません。

この装置は長辺が約70cm、短辺が約40cm、高さが約10cmとコンパクトにできているため、簡単に運べます。このため、防災教育で使用すると大きな効果が現れます。さらに、誰でも簡単に操作できるように工夫されていますので、防災教育に使いやすくなっています。

　防災教育は、自然現象に関する理解や知識を得ることだけではなく、その発生や原因について自ら学ぶことが重要なので、この装置はその点においても非常に役立つと考えられます。

　なお、この装置を使用して液状化現象を発生させた動画が、特定非営利活動法人地盤地下水環境NETのHPの「液状化実験映像」より見ることができます。

■ リクイファ君

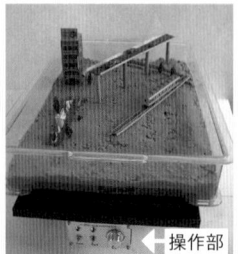
←操作部

❶ 準備
振動を与える前に模型のビルや高速道路などを設置します。なお、砂の下には駐車場を埋めています。

❷ 実験開始
振動を与えてから40〜70秒程度で液状化が発生します。振動の強弱や含水比の違いで発生時間の差があります。模型のビルなどは転倒しだします。

❸ 実験中
模型は完全に転倒し、砂の表面は、ほぼ水で覆われます。

←地下駐車場

❹ 実験終了
砂に埋めていた地下駐車場は、浮き上がります。砂の表面は水で満たされます。

（撮影：中川康一）

一口メモ 直接目で見られない箇所での現象を"見える化"した実験装置の開発は、科学技術の理解を深められるので重要です。

● ペットボトルと砂による液状化実験

ペットボトルと砂を使って、液状化現象を観察することができます。

ペットボトルの中に3種類の粒子と押しピンを入れ、水でペットボトル内を満たします。また、輪ゴムをペットボトルの外側にかけておきます。

- ● 材料
- ・粒子の異なるガラスビーズ2種類とカラーサンド
- ・ペットボトル
- ・押しピン
- ・輪ゴム
- ・水

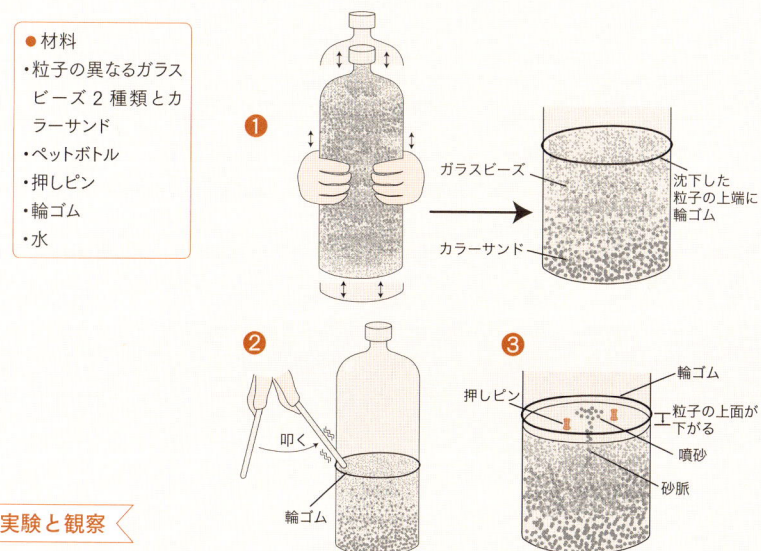

実験と観察

❶ 粒子の沈降・級化
ペットボトルを上下させながら振った後ペットボトルを静かに置くと、大きな粒子が先に、細かい白い粒子が後から上の方に堆積します(級化現象)。輪ゴムは堆積した粒子の一番上のところに合わせます。

❷ 地震発生
ペットボトルの横を棒などで叩くことで振動を与えます(地震の発生)。

❸ 液状化現象
下に堆積した濃い灰色のカラーサンドがその上に堆積した薄い灰色のガラスビーズ層を突き抜けてきます(噴砂)。粒子の上面が輪ゴムの位置より下がります(地盤沈下)。同時に下の層から水が抜けます(脱水)。この作用に伴い中の押しピンは浮き上がります。この状態で、振動を与えても変化が見られません。これは粒子層が沈下し圧密した結果です。

●地震資料館・見学・体験施設 HP

　過去に発生した地震により地表に現れた断層を見学できる場所は、日本全国で数か所あります。また、地震の揺れを体感したり、防災学習ができる施設もあります。

　ここでは、これらの施設について紹介します。なお、実際に見学などされる場合は、事前連絡が必要な施設もありますので、確認をしてください。

◉中越メモリアル回廊（新潟県長岡市周辺）

　2004年10月23日に発生した新潟県中越地震（M6.8）を記憶するために作られた4つの施設（長岡震災アーカイブセンターきおくみらい、おぢや震災ミュージアムそなえ館、川口きずな館、やまこし復興交流館おらたる）と3つの公園（妙見メモリアルパーク、木籠メモリアルパーク、震央メモリアルパーク）を結び、震災の記憶を伝えています。各施設には当時の被災状況の様子や復興までのあゆみが分かる資料のほか、実際の揺れを体験できるシミュレーターがあります。また、メモリアルパークは水没した集落や岩盤崩落現場跡周辺に造られており、震災の恐ろしさと教訓を伝えています。

◉地震断層観察館・体験館（岐阜県本巣市）

　日本の陸域で発生した最大級の地震とされている、1891（明治24）年10月28

■ 根尾谷断層

トレンチによって、地下部分を見られるようにしています

日に発生した濃尾地震(M8)の震源断層を保存し展示しています。震源となった根尾谷断層を、輪切りにした状態で見学できます。すり鉢状に20m四方に地下8mの穴(トレンチ)を掘っており、断層を鮮明に観察することが可能です。震度4から5の揺れを体験できる地震体験館も併設されています。

◉ 復興記念館(東京都墨田区)

この施設は、1923年9月1日に発生した大正関東地震(M7.9)の惨禍と東京を復興させた当時の大事業を記念するため、東京都慰霊堂の付帯施設として1931(昭和6)年に建てられました。当時の震災被害資料や震災復興資料のほか、関東大震災惨状の油絵などが陳列されています。さらに、記念館横の屋外にも、溶解した車両などの大型被害品が展示されています。

◉ 北淡震災記念公園(兵庫県淡路市)

1995年1月17日に発生した兵庫県南部地震(M7.3)の震源断層である野島断層を保存した野島断層保存館、活断層ラボ、メモリアルハウス、震災体験館などから構成されています。各施設では野島断層やその影響でずれた塀、地震直後の家の中の様子が見学できます。また、震度7の揺れや液状化実験も体験で

■ 野島断層

活断層である野島断層の地表のズレをそのまま保存・展示しており、断層の様子が観察できます。兵庫県南部地震はこの活断層が動いたことにより発生しました

■ 神戸の壁（高さ約10m、幅約17m）

公設市場の防火壁として設置されました。戦災や阪神・淡路大震災の大火もくぐり抜けました

きます。またメモリアルハウスの横には、神戸大空襲(1945年)と阪神・淡路大震災で焼け残った「神戸の壁」という神戸市公設市場の防火壁が、震災の記憶を伝え、防災意識を高めるために保存されています。

● 起震車

　起震車とは、地震を擬似体験できる振動装置を搭載した自動車のことをいいます。地震体験車と呼ぶこともあります。

　実際に地震が起きた際に冷静な対処ができるよう、シミュレーションを促すのが目的です。起震車を所有している自治体などが貸し出し、防災イベント会場などで無料体験が実施されています。

　起震車では、震度別に、震度1から震度7までの揺れを体験できるほか、兵庫県南部地震、新潟県中越地震、大正関東地震などの過去の大きな地震の再現や東海地震、東南海地震といった発生が危惧されている地震を想定した揺れを体験することができるものもあります。

　いつ発生するかわからない地震に備え、いざという時落ち着いて行動できるように、日頃から災害に対する訓練をしておくことが重要です。

　事業所や学校、地域住民の防災訓練等を実施される際、起震車による地震体験を希望される場合は地域の消防署に問い合わせれば体験することも可能です。

(大阪市消防局)

起震車は、室内を再現した大型の箱と振動装置を備えており、揺れを体験できます

コラム 気象庁の震度

　地震時の揺れの大きさを数値で示す指標に「震度」があります。気象庁が中心になって定めたものであるため、気象庁震度階級ともいわれ、現在では震度7まで区分されています。

　1996年より前は、観測員(気象台の職員など)が、自身の体感、建物などの被害状況などを、指針にある階級表に当てはめて震度を決定していました。つまり、指針といっても、観測員の主観に頼るため客観的でありませんでした。平成初期には、各気象台から管区気象台が震度情報を収集して規模などを発表するまでに、10分程度かそれ以上かかっていました。

　このため、現在では、震度発表の迅速化と客観性を持たせるため各地に震度計を設置して、これに基づいた震度を決定しています。2015年1月時点で4376か所の観測点があります。ほぼすべての市町村に1つは設置されていることになります。

3 地震を学ぶ

　日本はなぜ地震が多いのでしょうか。それは、日本列島が新期造山帯（新生代・中生代以降の造山運動により形成された山脈・山地）に沿って分布しているからです。造山帯はプレートの沈み込み帯、あるいはプレート同士の衝突地帯です。

　新期造山帯は、環太平洋造山帯とアルプス・ヒマラヤ造山帯に二分されます。ここでは造山活動が継続中で地震・火山活動が活発であるところが多く、自然災害が頻発します。

環太平洋造山帯、アルプス・ヒマラヤ造山帯では、地震や火山活動が活発です

●地震発生のメカニズム

　日本は世界でも有数の地震多発国です。実は世界の地震の２割は日本周辺で発生しています。

　地震には、火山性地震、プレート境界型地震、海洋プレート内地震、活断層地震などがあります。以下にはこれらの地震のメカニズムについて解説します。

○火山性地震

　火山周辺の地下には、マグマの通り道となるところがあります。この通り道は比較的頑丈で、普段は崩れたりすることはほとんどありません。しかし、マ

グマが上昇してくると、圧力がかかる上に温度も上昇し、特に地上に近いほど、地下に含まれる水分が多く、マグマで熱せられた水分が蒸発して体積が数千倍に増し、圧力も一気に高まります。すると、圧力に耐え切れなくなったマグマの通り道では岩盤が割れて地震が発生します。また、マグマによって圧力が高まった後、マグマが通り過ぎたことで圧力が下がり、押さえつけられていた岩盤が崩れることによっても地震が発生します。

このように発生のメカニズムが通常の地震とは異なり、余震や前震がなく、本震のみが単独で発生すると考えられています。

○ プレート境界型地震

地球の表面は、厚さ100kmほどの岩盤（地殻とマントル最上部）で構成されています。これをプレートといいます。プレートには大陸プレートと海洋プレートがあり、地球表面は十数枚のプレートで構成されています。

日本の周りには、4つのプレートが分布しています。

プレート境界型地震は、海洋プレートが大陸プレートに沈み込む時、大陸プレートの先端部が引きずり込まれ、ひずみが蓄積します。そのひずみが限界に達した時に、大陸プレートが跳ね上がり、地震が発生します。その際、津波が発生することがあります。

■ プレートの分布

日本の周りには北アメリカプレート、ユーラシアプレート、太平洋プレート、フィリピン海プレートの4つが分布しています

■ プレート境界型地震のしくみ

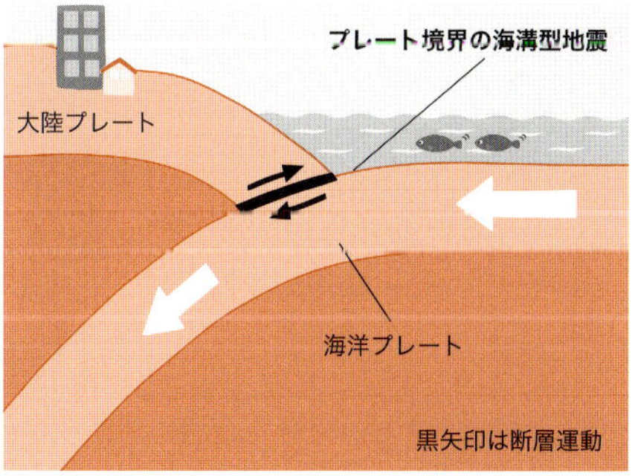

海洋プレートが大陸プレートに沈み込むと、その境界部ではひずみが蓄積され、そのひずみを解放するために地震が発生します

○ 海洋プレート内地震

　プレート境界付近では、プレート同士の押し合いの結果、海洋プレートの内部にひずみがたまって、大規模な断層運動が起こり、地震が発生することがあります。沈み込むプレートをスラブといいます。

　大陸プレートが深く沈み込んだ箇所で発生する深発地震は、一般的に被害は大きくありませんが、浅い箇所で発生する地震では津波を伴う地震となり大きな被害が生じます。

■ 北海道沖で起きた大規模な海洋プレート内地震

黒矢印は断層運動
昭和三陸地震（1933年）
平成6年北海道東方沖地震（1994年）
平成5年釧路沖地震（1993年）
太平洋プレート

大陸と海洋のプレート同士の押し合いの結果、海洋プレートの内部にひずみがたまり、大規模な断層運動が発生します

○ 活断層地震

　大陸プレート内で断層運動が生じると、陸域で浅い地震が発生します。これが活断層地震です。

　陸域で、断層運動が生じるような硬くてもろい岩盤が分布するのは地下20kmまでの比較的浅い場所です。

　この地震は、海洋プレート内地震に比べると、一般的に規模は小さいですが、生活の場である内陸部で発生するため被害は大きくなります。

■ 活断層地震発生の模式図

地表地震断層
震央
震源域
震源
震源断層

大陸プレート内での断層運動により地震が発生します。規模は小さいですが、直下型地震となるため被害が大きくなることが多いです

●地震の波の伝わり方

地下の岩石が、何らかの原因で一気に破壊すると巨大なエネルギーが放出されます。この岩石の破壊そのものが地震という自然現象です。その破壊により放出されたエネルギーが地震波として四方八方に広がって地中を伝わり、わたしたちの住んでいる地面に到達して大地を揺らします。この地面の揺れを地震動と呼んでいます。なお、揺れ（地震動）は、震源から遠く離れるに伴い小さくなっていく性質があります。

地震波には、縦波（P波）と横波（S波）があり、地球の表面に沿って伝わっていく表面波と呼ばれる波もあります。縦波は波の進行方向に対して前後に振動しながら伝わる波で、横波は波の進行方向に対して直角に振動しながら伝わる波です。

私たちは地震が来た時に、「縦揺れだった」「横揺れだった」ということがあります。この揺れは、地表面が上下に揺れたか、水平に揺れたかをいい表わすもので、縦波・横波とは違います。

縦波・横波は波の進行方向に対する振動（揺れ）の方向をいい表わし、波が地表面に水平方向に伝わると、縦波は横方向に揺れ、横波は縦に揺れます。つまり縦波は横揺れに、横波は縦揺れになります。

ただし、一般的に縦波・横波は地表面に水平方向ではなく、真下から来るため縦波は縦揺れ、横波は横揺れと感じられます。

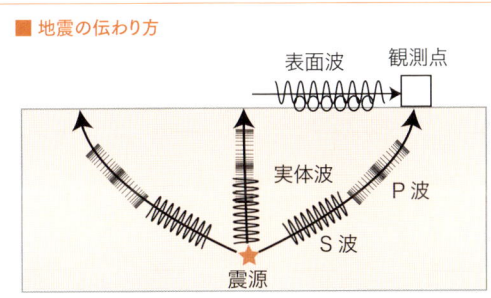

地震の発生により、縦波（P波）と横波（S波）及び表面波が発生します

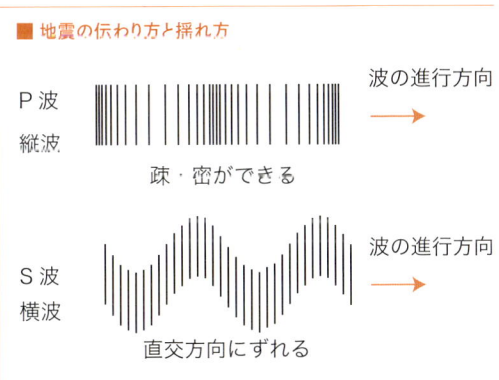

一般的には、地震波は水平方向ではなく、真下から来ます。

● 地震による被害

　地震は短時間に起こる大規模な自然現象であり、最大級の被害を引き起こします。

　地震による被害は揺れの強弱、地盤や地形の違いによって異なりますが、近年では都市構造の変化により災害の内容も変わり、いわゆる都市型災害の発生が問題になっています。

　地震は、自然環境に作用し災害自然現象（液状化、地割れなど）を発生させます。さらにこの災害自然現象が社会環境に作用することによって様々な災害を発生させます。そのうち、建物やライフライン（道路、水道、電気など）の被害は、災害自然現象により直接生じるので、一次災害といいます。また、建物の被害などによって死傷者が出たり、出火して火災が発生します。これらは一次災害の結果発生するので二次災害といいます。さらに、これらの影響で、社会不安や経済活動低下といった三次災害が発生します。つまり、地震は自然環境と社会環境に複雑に作用することで、災害となるのです。

　ここでは、地震災害のうち液状化現象、地割れと陥没、火災に関する事象について解説します。なお、地震と関係の深い津波は第2章で、同じく斜面崩壊については第3章で解説します。

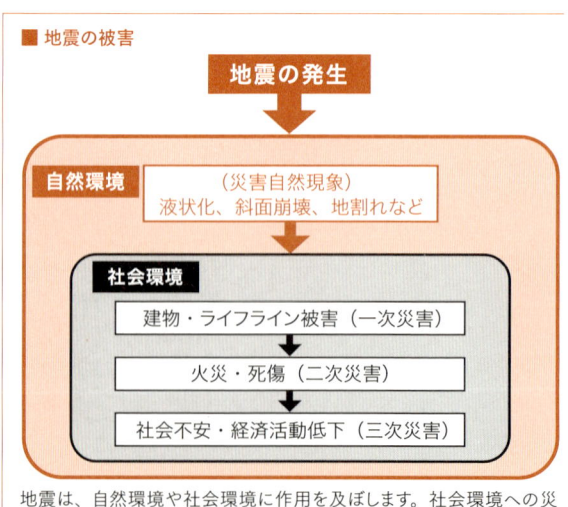

地震は、自然環境や社会環境に作用を及ぼします。社会環境への災害は、一次災害、二次災害、三次災害に区分できます

●液状化現象

　液状化現象とは地震の際に、地下水位の高い砂地盤が振動により液体状になる現象をいいます（P15-17の実験も参照）。

　地震時の液状化現象の発生する場所には、自然地形では、湾岸、三角州、河口、砂丘間凹地、砂丘の縁辺、沼、旧河道、河川沿い、扇状地末端、自然堤防縁辺、谷底平野などがあります。

　一方、人工地盤では、湾や川の底の泥を取り出して埋め立てた場所、沼・湿地・水田・谷などを土で盛り立てた箇所や堤防などで発生します。

　埋立地は、川や海あるいは未固結で軟らかい平野部に土砂などを盛って人工的に造成した陸地をいいます。埋め立て材料には、河川の底からすくい上げて取り出した土砂や建設残土、都市ゴミなどが利用されています。

　都市において埋立地の果たしてきた役割は大きく、港湾の確保、増加する都市人口に対する住宅地の確保、工場用地の提供、ゴミの処分場など、都市にとって必要不可欠なものを提供してきました。

　しかし、この埋立地は地震時に液状化を引き起こしやすい地盤になっています。長時間かけて形成された自然の陸地に比べると、埋立地は急速に形成されるために土の粒子間の隙間が大きく水を多く含んでいるため、地震による液状化現象が起きやすくなっています。このため、埋立地に建設物を建てる際には、様々な対策が施されます。

　埋立地であるポートアイランドや六甲アイランドでは、兵庫県南部地震で、液状化に伴う地中の土砂が地下水とともに地表に吹き出した"噴砂"が見られました。この結果、地盤が20〜50cm沈下しました。

　液状化に関して注意を要する地

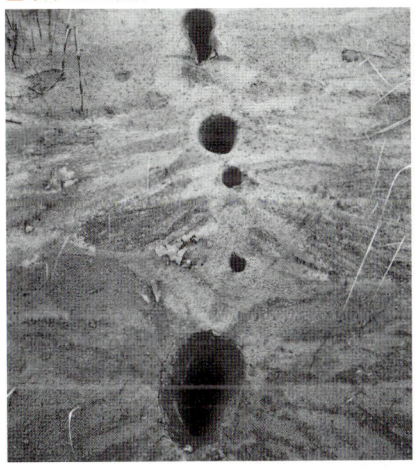

■ 噴砂による被害

液状化の典型的な現象に噴砂があります。地盤中の砂層が液状化すると、砂層に含まれる地下水の圧力が高まるため地下水とともに砂が地表に噴出する現象です

盤には、未固結で軟らかい地盤(軟弱地盤)、砂でできた地盤(砂質地盤)などがあります。地下水位以下にある緩い砂は地震の時、すべりに対する抵抗力(せん断強さ)がなくなり液状化します。

　液状化の要因には、地震の強さと継続時間、土の強度、地下水の位置、地形などがあります。

　一般的には、土の粒子が小さい砂地盤や粘性の小さい土壌、地盤が緩いところ、地下水位が浅い地盤において、地震や波の力などで振動が加わると液状化が発生します。液状化そのものが人命に直接被害を与えることはありませんが、建物や構造物の基礎である地盤が破壊されることで、都市機能や生活に大きな影響を与えます。

● **液状化による被害例**

液状化の発生に伴う被害には以下のようなものがあります。

- 建物の抜け上がり
　液状化した泥水より比重の小さい建物は浮力によって浮き上がります。
- 建物の傾き
　地盤の支持力がなくなることで、建物が傾斜したり損壊します。沈下の度合いが少ない場合は、ジャッキアップで修復できます。
- 泥水による埋没
　液状化に伴う噴砂により地表面は泥水により覆いつくされ、地表にあるものは泥水によって埋まってしまいます。地表に湧き出た泥水により車が埋まることもあります。

■ 液状化により段差が生じた建物

建物以外にも地中に設置されている、マンホールや下水管などの下水道施設は、液状化により動くため損傷しやすくなります

● 液状化のメカニズム

　それではどうして液状化が発生するのでしょうか。ここでは、液状化のメカニズムについて解説します。

　液状化が発生する前の緩い砂地盤は、砂粒子どうしが接触して一定の強さを保っています。砂粒子の隙間には水が存在します。この状態で地震による連続した振動を受けると砂地盤全体が変形し、砂粒子の隙間にある水を押し出そうとし隙間の水圧が高くなります。この水圧によって砂粒子どうしの接触する力は弱まります。つまり、砂粒子は水に浮いた状態になり砂地盤としての強度が失われ、泥水状態になります。その結果建物が沈下したり、倒壊したりします。

　地震後には、泥水の中の砂粒子が沈降し砂粒子同士の隙間が小さくなり、地盤が沈下します。

■ 液状化のしくみ

液状化前は、砂粒子は緩い状態であるがお互いに接触して、一定の強度を持った砂地盤を形成しています。地震発生後は、砂粒子は浮遊状態になり、液状化します。その結果、噴砂現象などが見られます。液状化が終了した段階では、泥水の中の砂粒子は沈降し、液状化前よりも密（圧密）になり、砂地盤は沈下した状態となります

●地割れと陥没

地割れは地表面にできる割れ目や裂け目のことです。未固結の土が厚く堆積している箇所、埋立地、盛土（土砂を盛り上げた箇所）などの軟らかい地盤などで特に発生しやすく、その規模や形態は多様です。

強い地震動により地割れが発生します。また、地下浅部の砂層などが液状化し強度を失ったため地表が陥没することがあります。

このほか地下深部の岩石に生じた断層運動の影響が地表部で地割れとなって現れることがあります。この場合は地割れを境にして、地表に上下または横ずれの食違いが現れます。

地震によって、鉱山で採掘のため地中に掘った穴や石切場での表層部が落ち込むと非常に大きな陥没となることがあります。

地割れの幅が大きくなったり、地表部での大きな陥没が起こると、車両の通行が困難になり、地震時に発生する火災の消火活動などに影響がでます。

■ アスファルトにできた地割れ

幅の大きな地割れができると、歩行の障害だけでなく、車両の通行が困難となり、救助活動に支障をきたすこともあります

●火災

地震で特に怖いのは、火災による二次災害といわれています。地震時の火災は大きく分けて建物倒壊や建物内での電気機器装置や配線によるものと、ガス・油を燃料とする器具に関係するものがあります。

地震時に火災が発生すると、日本のように木造住宅が多い場合は、大規模延焼になる場合があります。つまり、地震時の火災は、建築物・構造物の倒壊や道路損壊による通行の障害、消火栓や水道管の破損による水利不足、車両通行に伴う交通渋滞などの要因が重なり、消火活動が大きく阻害されるため、延焼火災に発展しやすいという性質があります。

地震火災は、本震の後の短時間内に一斉に出火し、その件数は建物倒壊数に比例して増大します。常設の消防力（隊員・車両・消火栓・消火水槽など）では、このような異常事態に対応するのは困難が伴います。

また、出火現場への移動は道路利用が不可欠ですが、道路の地割れ、陥没、落橋、倒れた建物のせいで移動が困難になります。さらに、大量の自動車が一斉に動き出すことによる交通渋滞によって、周辺地域からの消防車両が被災地に近づくことが困難となり、消火活動ができないという事態が発生します。
　一般的に、地震時の火災は以下に示した順序で発生します。

1. 地震動で火器の転倒、その上へ燃えやすい物が落下
2. 無炎着火、または、発炎着火
3. 出火
4. フラッシュオーバー（室内の燃焼物が、高温になって点火される現象）

　フラッシュオーバーが生じると火炎部は一酸化炭素濃度が高くなり、酸素は急激な燃焼で消費され酸欠状態となります。このような状況下で呼吸をすると、気管支が火傷し意識不明の状態となります。火災による死因の大部分は、焼死ではなく火災ガスの煙を吸い込むことで発生しています。
　さらに、多くの火災が合流して大きくなり、熱が周囲に広がると、まだ燃えていない住宅からも可燃ガスが出て、炎が雪だるま式に大きくなり、延焼が進みます。延焼範囲が大きく複数になると強烈な火災旋風が発生し、延焼は一層速く広がります。札幌市HP「防災・防犯・消防」内「火災再現実験動画」からフラッシュオーバーの再現実験を見ることができます。 HP
　火災旋風とは、個々に発生した火災が酸素を消費し、火災の発生していない周囲から空気を取り込むことで、局地的な上昇気流が生じ、これによって、燃焼している中心部分から熱された空気が上層へ吐き出され、それが炎をもった旋風となるものです。火災旋風は空気のあるほうへ動いていき、被害が拡大していきます。
　火災旋風の内部は秒速百m以上に達する炎が充満しています。高温ガスや炎を吸い込んだことによる窒息死が多く見られます。火災旋風は、都市中心部では、ビル風によって発生する可能性が指摘されています。
　関東大震災時や阪神・淡路大震災時にも火災旋風が発生しました。特に倒壊しやすい木造家屋の多かった関東大震災では、火災による多くの死者を出すという大惨事となりました。

4 地震災害に備える

　日本には、世界でもトップクラスの防災科学と技術があり、災害時の被害軽減に貢献しています。しかし、それらが教育現場や地域での防災活動・啓発活動に十分活かされているとはいえません。

　防災にはハード面とソフト面があります。ハード面は、例えば防波堤や砂防ダムおよび構造物耐震補強（P36参照）などの構造物による被害軽減を目的としています。一方、ソフト面には観測システムやハザードマップ、さらに教育、訓練などがあります。

　防災対策の基本は、ハードとソフトの融合した総合対策であり、防災施設により、たとえば浸水面積を軽減し、津波情報や避難体制や防災啓発により人的被害を低減することです。つまり、ハードで防ぎきれない部分をソフトでカバーするといったそれぞれの役割が必要です。

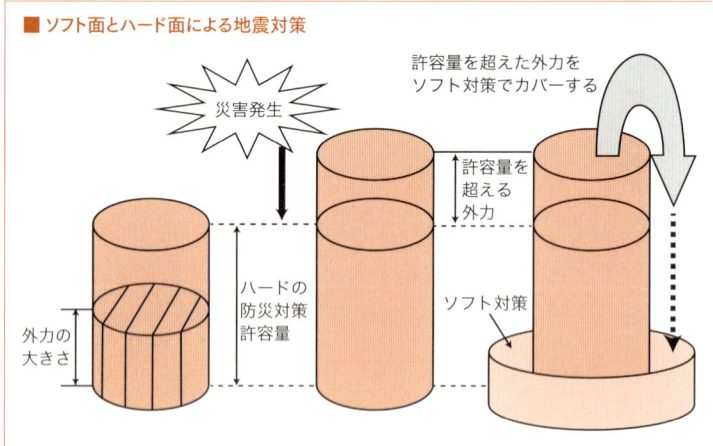

■ ソフト面とハード面による地震対策

ハード対策とソフト対策の融合によって、防災対策をすることがより確実な防災に結びつきます

● 地震に関するハザードマップ

　ハザードマップとは、自然災害による被害を予測し、その被害範囲を可視化したものです。予測される災害の発生箇所、被害の拡大範囲や被害の程度、さ

らには避難経路、避難場所などの情報が地図上に示されています。ハザードマップの活用で危険箇所での構造物の建設を避けることができます。

地域特性を反映したハザードマップを作成し、住民に周知し、その活用をよびかけ地域の防災力を高めることが重要ですが、このためには地域住民の参画が必要不可欠となります。

なお、ハザードマップは各自治体で作成されていますので活用してください。

■ 大阪市のハザードマップ（大阪市）

（大阪市HP）

大阪市の液状化ハザードマップでは、液状化のしやすさを4段階に区分して表示しています

■ 世田谷区の防災環境マップ（世田谷区）

（2009年作成、世田谷区「防災環境マップ（延焼危険度）」より）
世田谷区では延焼危険度を5段階に区分して表示しています

● 子どもへの啓もうはどのようにすればよいか？
　防災教育は、自然災害に関する知識を得て理解するだけではなく、その発生や原因について自ら学び、防災および減災する仕組みや自らの役割に気づき、それを実践するプロセスが重要です。
　教育の場では、通常の教科との関連性の強化、総合学習などを特化したプロ

グラムを有機的に連携させ展開する必要があります。

また、学校や地域以外のさまざまな機会・場を活用し実践的な知識と経験を積む必要があります。このことで能動的に防災に対応する「人財」を育成し、社会教育・生涯教育として発展させていけます。

さらに、防災教育は教科を横断して実施できる教育です。たとえば、家庭科では、避難所での食の問題を考える、社会科では災害の歴史を学ぶ、保険体育では災害時のトラウマの正しい対処法を学ぶなど、いろいろな教科領域で防災教育が可能です。

一方、防災対応能力としては以下の4つの能力が必要になります。

1. 自らの身を守り、乗り切る能力
2. 知識を備え、行動する能力
3. 地域の安全に貢献する能力
4. 安全な社会に立て直す能力

これらの能力を養うためには防災教育が欠かせません。防災教育には発展段階に応じた内容があります。つまり、前述の防災対応能力において、1、2は主に中学校以下の子供たちが備えておくべき能力であり、高校生になると3を考慮した生活環境の安全化（心肺蘇生法、AEDの使い方、応急手当の仕方、仮設テント設営など）や地域防災への参加（災害時にボランティアとして活動に参加、地域防災訓練に参加など）を行うことが必要になります。

最後は、学生や社会人、あるいは地域防災のメンバーとして、その体制整備や、災害時の役割を担う、また、災害時の生活に必要なさまざまな技能を修得するなどの内容を含めた前述の4の能力を身につけることが必要です。

コラム　建物を地震から守る工夫

地震から建物の被害を軽減するために3つの方法があります。

耐震構造

耐震構造とは、地震に対して力で抵抗するため、太く頑丈な柱・梁で建物自体を地震に耐えうる強度で造るという考え方です。阪神・淡路大震災である程度評価されましたが、その反面地震のエネルギーが直接建物に伝わるため、免震構造や制振構造に比べると、地震の揺れなどで壁や家具は損傷を受けやすくなります。

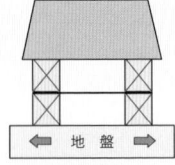

耐震構造

免震構造

免震構造は、地震の力を受けないように建物と地盤の間に積層ゴムやダンパーなどの免震装置を介入することにより、地震力を抑制し建物自体の揺れを軽減する考え方です。

揺れが非常に少ないため建物内の家具の転倒も少なくなり、室内での被害を大幅に減少できます。

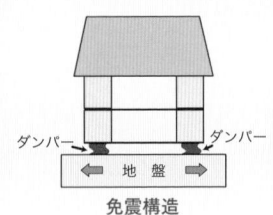

ダンパー　ダンパー
免震構造

制振構造

免震構造と並ぶ新しい構造形式に制振構造があります。制振構造の特徴は建物にエネルギーを吸収する制振ダンパーを設置するところです。

高層鉄筋コンクリート造の重い建物は各階に制振ダンパーを設置し、鉄骨造の軽い建物には最上階に制振ダンパーを設置します。

風の揺れに強く、制振部材が地震エネルギーを吸収するため、地震による被害を抑えることができます。

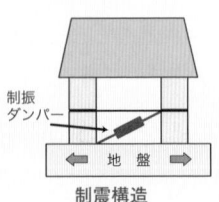

制振ダンパー
制震構造

第2章

津波災害

東北地方太平洋沖地震の津波

1 津波は怖い！

　地面がゆったりと揺れました。庄屋であった濱口梧陵が高台にある家の庭から下の村を見ると、村人は気づくことなく豊年祭りの準備をしていました。さらに海の方に目をやると、沖のほうから白い波がしらが押し寄せてきているのが見えました。津波です。梧陵は村人を高台へ避難させなければならないと思いましたが、声をあげても届きません。夕暮れになっていたので、庭に干してあった刈り取ったばかりの稲むらに火をつけて回りました。村人は庄屋さんの家が火事だと思い、皆が家に向かって集まって来ました。梧陵はこのようにとっさの方法で村人たちを高台へと導きました。間もなく、津波は高台下まで押し寄せてきました。何度も津波が押し寄せ、夜が明けて、高台から村を見渡すと波でえぐり取られた村には何も残っていませんでした。

　この有名な実話は和歌山県広川町に伝わる『稲むらの火』として国語の教科書にも採用されました。1854（安政元）年11月5日に起きた安政南海地震によるこの津波で、関係する太平洋沿岸の町では数千人の死者を出したのです。

■ 稲むらに火をつけて村人たちを高台へ導く梧陵

一口メモ　「稲むらの火」の話の11月5日は2011年6月に制定された「津波対策の推進に関する法律」により、「津波防災の日」に定められました。

●平成三陸大津波とは?

　2011年3月11日に起きた東北地方太平洋沖地震(M9.0)は国内最大規模の地震となり、これまでにない大きな被害をもたらしました。その被害の多くは津波によるものです。死者・行方不明者は約2万6000人以上に上り、津波は北海道から関東の太平洋岸に押し寄せ、漁船や漁港を破壊し、全壊・半壊家屋は40万戸以上となる大災害になりました。

　この時の津波の名称は、公式には決められていませんが地元紙などでは「平成三陸大津波」と呼ばれています。岩手県大船渡市では前例のない規模の遡上高40.1m(遡上高についてはP53参照)になったことが判明しています。

■ 東北地方太平洋沖地震の津波（宮城県宮古市）

（宮古市役所）

津波は真っ黒な海底の泥を押し流し、防潮堤を超えて市内に流れ込んでいます

■ 津波後の被害の様子（岩手県石巻市雄勝地区）

（財団法人消防科学総合センター）

● 北海道南西沖地震の津波

　1993年7月12日22時17分に発生したこの地震(M7.8)で津波が発生し、すぐ近くの奥尻島を襲いました。奥尻島では震度6の大きな揺れになりました。地割れや建物の崩壊で29名の死者が出たほか、29m(遡上高)にも達する津波が島に繰り返しやってきました。同時に強い**引き波**(一口メモ参照)も発生しました。

　この津波によって奥尻島では156名の死者と25名の行方不明者を出しました。

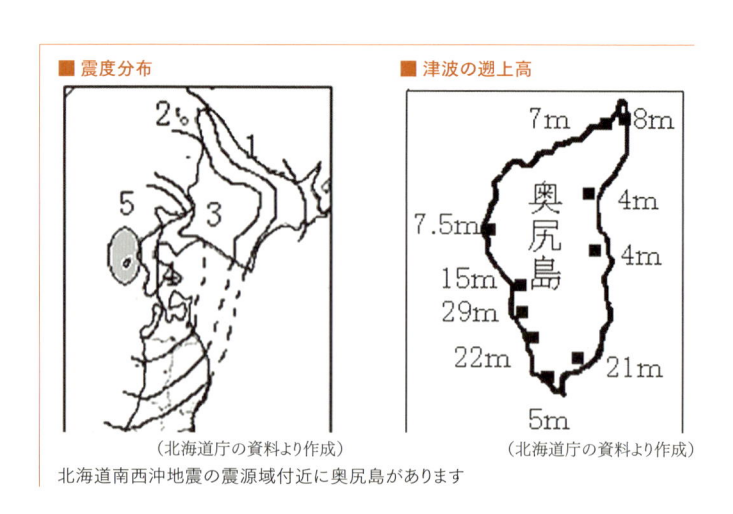

■ 震度分布　　　　■ 津波の遡上高

（北海道庁の資料より作成）　　（北海道庁の資料より作成）

北海道南西沖地震の震源域付近に奥尻島があります

● スマトラ沖地震による津波

　2004年12月26日に起きたこの地震(M9.1)は、インドネシアのスマトラ島最北端付近の海底下を震源として、周辺海岸に大きな津波被害をもたらしました。津波は平均10mの高さになり、場所によっては34m(到達高)にもなりました。

　インドネシア・スマトラ島沿岸地域のほか、スリランカ、モルジブ、インド、アフリカ、タイ、マレーシア各国にも津波が襲来しました。筆者が訪問したインドネシア・スマトラ島アチェ市では人口の4分の1に当たる10万人の住民が津波で亡くなったということでした。この津波による死者は22万人以上(特に被害の多かった国はインドネシア13万人、インド1万人、スリランカ3万5000人、タイ5000人など)にもなり、1900年からの観測史上最悪の被害となりました。

一口メモ　地震が発生して津波が押し寄せる前に、海岸ではいったん海水が沖へ引くことがあります。これを引き波といい、海岸では海底が見えだします。

■ モスクだけが残った住宅地（インドネシア アチェ市）

津波によってモスク以外の密集していた住宅は境界のみを残し、跡形もなくなってしまいました

■ 津波で民家の屋根の上に運ばれた漁船（インドネシア アチェ市）

現在は津波の恐ろしさを忘れないように保存されています

●チリ地震による津波

　1960（昭和35）年5月23日に起きたチリ地震（Mw9.5）は大規模な津波を発生させ、22時間半で太平洋をジェット機並みのスピードで横断し、日本の三陸地方を襲いました。三陸海岸で遡上高は8m以上にもなり、死者119名、流失全壊家屋3259戸などの大きな被害を出しました。

> 一口メモ　津波の津は港のこと、すなわち港に押し寄せる波が津波ということです。

●過去にどのような津波大被害があったか？

　日本ではこれまで多くの津波被害を受けています。記録のない時代でも地層を観察すると津波の起きた年代を特定できているものがあります。平成27年度版の『理科年表』によると、今から約6000年前から4000年前までの間に三陸地方では約５回の津波があったことが明らかになっています。

　奈良時代や平安時代にも大きな津波が７回以上起きた記録が西日本各地の古文書や石碑などに残されています。なかでも701（大宝元）年京都府北部で起きた大宝地震による津波は、高さが40mに及びました。現在標高40m地点に残された石碑からそのことが分かります。

　鎌倉時代や室町時代には７回以上の大津波があったようです。1498（明応７）年の明応地震による津波は東海道の各地を襲い、約４万人の死者を出したとされています。

　江戸時代にも15以上の津波が古文書などの記録に残されています。

　1611（慶長16）年の慶長三陸地震では、仙台周辺だけでも5000人以上の死者が出ました。その時のことを記録した『駿府記』に初めて「津波」という言葉が記されています。その後も三陸地方では明治三陸地震津波、昭和三陸地震津波と大きな津波が何度も押し寄せています。このほか1854（嘉永７）年の安政東海地震・安政南海地震と、続けて起きた地震で発生した津波は、伊勢湾や大阪湾の奥深くまで入り込み、甚大な被害を引き起こし、数千人もの死者を出しました。

　明治以降も大きな津波は10回以上あり、太平洋側のみならず日本海側でもたびたび起きました。内閣府の資料によると、明治時代以降2010年までの津波被害で、死者行方不明者が100名以上のものは、次ページの７つの地震で発生した津波によるものです。

■ 安政南海地震による津波被害を記録した石碑（大阪市）

津波の恐ろしさを後世に残そうとした貴重な石碑です

■ 死者行方不明者が100人以上の地震（明治時代～2010年）

年月日	M	地震名	最大津波高	参考
1896（明治29）年6月15日	8.2	明治三陸地震	38.2m	死者 2万1959名、津波史上最大の死者数。地震を感じることなく20分後に襲来
1933（大正8）年3月3日	8.1	昭和三陸地震	28.7m	死・不明者 3064名、強い地震動。第2波が最大
1944（昭和19）年12月7日	7.9	東南海地震	9.0m	死・不明者 1223名、三重県、和歌山県で被害が大きかった
1946（昭和21）年12月21日	8.0	南海地震	6.5m	死者 1330名、地震発生後すぐに太平洋岸に津波襲来
1960（昭和35）年5月23日	9.5	チリ地震	6.1m	死・不明者 142名、地震発生から22時間30分後に襲来
1983（昭和58）年5月26日	7.7	日本海中部地震	14.9m	死者 104名、地震発生後7～8分で襲来
1993（平成5）年7月12日	7.8	北海道南西沖地震	6.7m	死者 202名、地震発生後2～7分で襲来

（内閣府の資料より作成）

　1983（昭和58）年、日本海中部地震で、男鹿市の加茂青砂海岸では合川町立合川南小学校4・5年生の生徒45名が社会見学に来ていて津波に遭遇、13名が亡くなりました。

　このように過去に日本で起きた津波被害を見てみると、太平洋岸のみならず日本海岸でも大きな被害をもたらしていることが分かります。しかも、数十年間隔で繰り返し同じ地方に被害をもたらしているところもあります。

● 津波災害の映像を見ることができるWebページ、DVD

　東北地方太平洋沖地震の津波映像が多く公開されています。2004年のスマトラ沖地震の津波映像も多く残されています。それから7年が経過して携帯電話やカメラの動画機能がより進み、誰でも簡単に映像を記録できるようになったことにより、リアルな津波の映像が残されるようになりました。これらを見ることでより津波の恐ろしさを知ることができます。次ページではそのいくつかを紹介します。

Webページ

- 気象庁HP「刊行物・レポート」内「津波防災啓発ビデオ「津波に備える」」
  東北地方太平洋沖地震を踏まえて気象庁が作成した津波防災啓発ビデオ。津波の知識や避難のポイントなどを実際の映像やCGを使ってわかりやすく説明しています。
- 政府インターネットテレビHP「防災・減災」内「津波の怖さ　知ってますか？」
  津波襲来のイメージ画像などがあり、津波の理解に役立ちます。
- 政府インターネットテレビHP「防災チャンネル」内「稲むらの火」
  紙芝居で「稲むらの火」を学ぶことができます。
- NHK東日本アーカイブスHP「防災・減災」内「東日本大震災アーカイブスで、防災・減災を学ぶ」
  NHKが取材した被害状況、災害時ニュース、客観的なデータ、具体的な証言などが映像で示されています。
- Nagasaki Archive HP「東日本大震災アーカイブ」
  震災の被害状況を可視化し、災害の実相を世界につたえる多元的デジタルアーカイブスです。

DVD

- 『3.11岩手大津波の記録　2011東日本大地震』(㈱IBC岩手放送)
- 『3月11日　東日本大震災岩手の記録』(㈱岩手朝日テレビ)
- 『MEGAQUACKE(第2集)　津波はどこまで巨大化するか』(㈱NHKエンタープライズ)
- 『3.11 東日本大震災 激震と大津波の記録』(㈱東日本放送)
- 『海上保安官が見た巨大津波と東日本大震災復興支援』(㈲アートファイブ)
- 『自衛隊だけが撮った0311』(㈱ポニーキャニオン)
- 『スマトラ島沖地震と大津波』(㈱教配)
- 『津波襲来　その一瞬が生死を分ける』(東映㈱　教育映像部)

一口メモ YouTubeで「津波動画」と検索すると200万件以上が表示され、たくさんの津波の映像を見ることができます。

2 津波の実験・体験・見学

　津波による災害はこれまで何度も繰り返し日本各地で起きてきました。しかしその場所は海岸付近の地域に限られていたため、その体験は多くの地域で共有することが困難でした。しかし、私たちはさまざまな理由で移動することが多い現在、海岸近くに滞在することも起きるでしょう。そのためにもこの章では津波がどのようなものか、実験したり体験したりできる方法や場所を紹介します。

●津波発生装置による実験 HP

　この装置による実験動画を、株式会社ケニスのHP内にある理科実験動画シリーズ「津波の現象を調べてみよう」で見ることができます。

■ 津波発生装置（幅1090×奥行き100×高さ230mm）

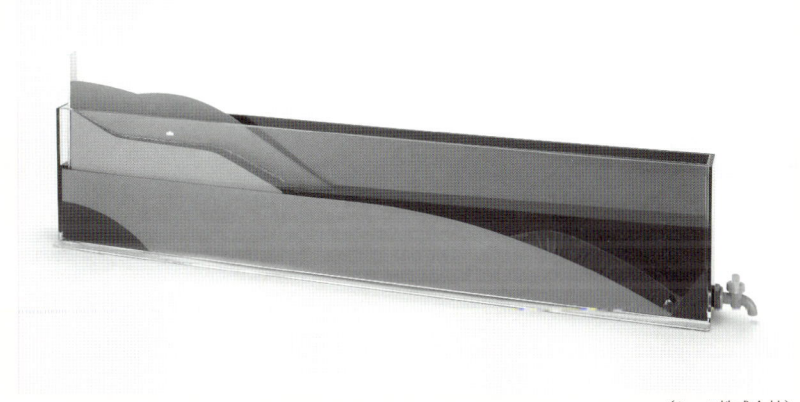

（ケニス株式会社）

　これは堀込智之氏が考案した、津波発生とその波の伝わり方を生徒が目で見て理解できる教具で、市販されています。プレートが跳ね上がり、津波が発生する様子を見ることができます。その時発生した波長の長い波が海岸線から平野を広く襲う様子が分かります（波長についてはP51参照）。

● 津波と風波の違い

　材料が簡単にホームセンターや百円ショップで揃うので、グループ学習をするのに適しています。

●材料
・アクリル板（60cm×10cm 3枚、10cm×10cm 2枚）
・オアシス 1個　・プラスチック下敷き
・吸着板付ハンガー 2個　・紙粘土
・アクリル板　・接着剤

実験と観察

❶ アクリル板で写真のような水槽を作成します。

❷ フラワーアレンジメントに使うオアシスで海岸地形を成型します。オアシスを使うと、カッターで簡単に地形模型を作ることができます。

❸ プラスチック下敷きを切ったものと吸着版付ハンガーで津波を発生させる部分を作ります。

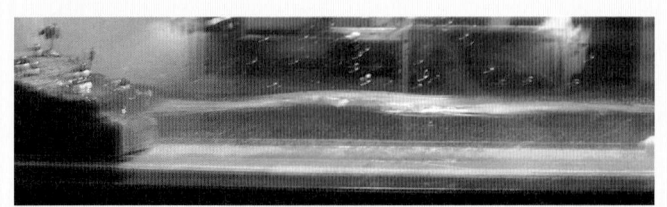

❹ 上のように、プラスチックの板をひもで引き上げると津波ができます。津波では波長の長い波（津波）ができます。水面を団扇であおいでできる波長の短い波（風波）と、違いを観察してみましょう。

● Webで見られる津波伝播シミュレーション動画 🆗

　研究所や自治体などが作ったシミュレーション動画が見られるWebページを紹介します。

- ◉ ウィキペディア内「スマトラ島沖地震（2004年）」
  大津波のアニメーション画像からは、津波の広がる様子が分かります。
- ◉ 気象庁HP「知識・解説」内「津波発生と伝播のしくみ」
  2003年の十勝沖地震により近地で発生した津波と、2007年8月16日のペルーで起きた地震により遠地で発生した津波を見ることができます。
- ◉ 海上保安庁HP「海洋情報部」内「津波防災情報」
  太平洋岸4地域別に津波シミュレーション画像を見ることができます。
- ◉ 地震工学開発研究センターHP「津波シミュレーション」
  今までの津波シミュレーションになかった、10mを超えるような津波の被害が分かるシミュレーション動画が見られます。
- ◉ YouTube「【南海トラフ巨大地震】津波シミュレーション（断層ケース01）」
  南海トラフで地震が起こった場合の津波シミュレーションを見られます。
- ◉ 北海道HP「北海道防災情報」内「津波伝播CG」
  北海道の各地域別に、津波の発生から伝搬の様子をCGで見られます。
- ◉ 尾鷲市HP「津波シミュレーションCG」
  CGで尾鷲市に来る津波を再現しています。
- ◉ 高知県HP「危機管理部」内「【高知県版第2弾】南海トラフの巨大地震による津波のアニメーション」
  南海トラフの巨大地震による津波のアニメーションです。
- ◉ 鎌倉市HP「防災・防犯」内「津波避難シミュレーション動画」
  津波避難シミュレーション動画が見られます。
- ◉ WIRED「チリ地震の津波が海を超える様子がわかるシミュレーション動画」
  チリで発生した地震による津波のシミュレーション動画が見られます。

● 津波資料館・見学・体験施設 HP

　ここでは、実際の津波の被害を見学できる施設について紹介します。なお、実際に見学などされる場合は、事前連絡が必要な施設もありますので、確認をしてください。

- ◉ 奥尻島津波館（北海道奥尻町）
  1993年7月12日に起きた北海道南西沖地震の津波による、奥尻島の被害の記録などが展示されている展示スペースと、映像で災害を伝える映像ホールなどがあります。
- ◉ 気仙沼津波フィールドミュージアム（宮城県気仙沼市）
  Web上のミュージアム。フィールドワークで実際に地形を見たりして津波に備える準備をする学習プログラムが充実しており、津波の知識も分かりやすく掲載しています。
- ◉ 大船渡津波伝承館（岩手県大船渡市）
  東北地方太平洋沖地震による津波被害を後世に伝えるための展示が行われ、岩手県の太平洋岸を襲った津波の恐ろしさを伝えるとともに、自然から学ぶ大切さも訴えています。
- ◉ 唐桑半島ビジターセンター＆津波体験館（宮城県気仙沼市）
  全国で初めての津波疑似体験ができる施設です。実際の津波を映像、音響、振動、送風を組み合わせて、実体験しているかのような感覚を体験できます。
- ◉ 津波・高潮ステーション（大阪府大阪市）
  詳細はP156参照
- ◉ 稲むらの火の館（濱口梧陵記念館、津波防災教育センター）（和歌山県広川町）
  2章冒頭で記載した濱口梧陵の業績と津波に関する古い資料が展示されています。また、巨大な津波発生装置で津波シミュレーションを見られます。

◉インドネシア国立津波博物館(インドネシア アチェ市)
　2004年に起きたスマトラ沖地震の津波被害が最も大きかったアチェ市に2009年に開館しました。被害の写真のほか、実際の被害の様子や復興計画をジオラマで展示しているほか、津波発生模型なども置かれています。

◉インドネシア アチェ津波防災研究センター(インドネシア アチェ市)
　2004年に起きたスマトラ沖地震津波に関する資料の収集と研究活動をしています。屋上へは周辺の住民がいつでも避難できるようになっています。HPはありません。

◉太平洋津波博物館(Pacific Tsunami Museum)(アメリカ ハワイ州)
　1960年のチリ地震による津波でハワイ島のヒロでは60名の方が亡くなりました。津波の恐ろしさを伝えるために作られた教育施設です。HPはありません。

3 津波を学ぶ

● 津波はどのようにして起きるか？

　津波は海底が隆起または沈降した時に発生します。その原因は地震の時にできる断層やプレートの跳ね上がりなどです。海底の動きによって盛り上がった海水は、海底から水面までが四方八方へ大きく波として移動して広がっていきます。そして海岸に近づき水深が浅くなっていくと、浅くなった部分では波の高さが高くなっていきます。

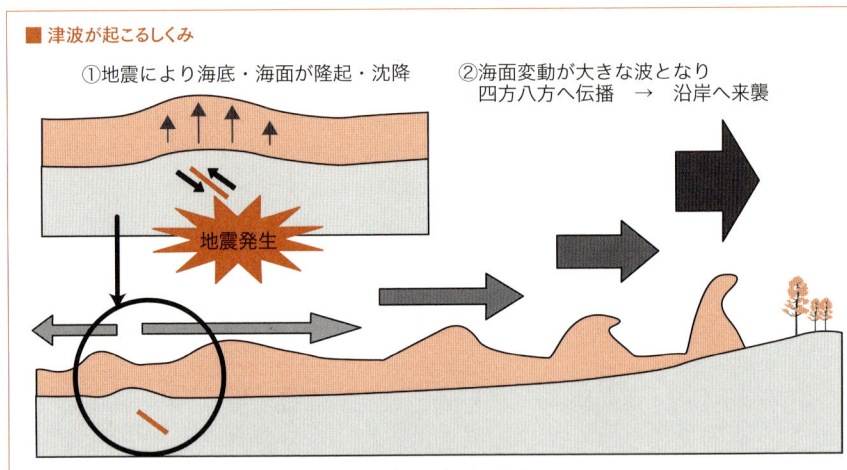

■ 津波が起こるしくみ

①地震により海底・海面が隆起・沈降

②海面変動が大きな波となり四方八方へ伝播　→　沿岸へ来襲

地震発生

津波は陸に近づいて水深が浅くなるほど、波の高さは高くなります

● 津波はなぜ風の波と違って恐ろしいか？

　大きく異なるのは波の波長の長さです。風による波は波長が長くても数十mから数百mであるのに比べて、津波は数kmから数百kmにも及びます。

　このように津波は波長が長いため、水の体積が大変大きくなって襲ってきます。この体積の大きさの違いが津波が大きな被害をもたらす原因の1つです。

　また、風による波は表面付近（深さ半波長分の深さ）しか水が運動していません。それに比べて津波は表面から海底面まですべての水が水平方向に移動してきます。これも津波が大きなエネルギーで物を壊す原因です。

■ 波長の違い

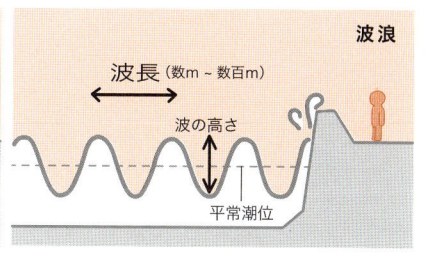

左が津波、右が風による波。波長が大きく異なります

● 津波は恐ろしい速さ！

　津波が発生する水深4000m位のところでは、速度がジェット旅客機並みの時速約800kmの速さです。陸に近づくと次第に海底面との摩擦で遅くなります。しかし、水深1mになっても時速約30kmの速さで陸上に上がってきます。そのため自動車で逃げても追いつかれることがあります。したがって海岸で津波が見えてから逃げたのでは間に合わないこともあります。

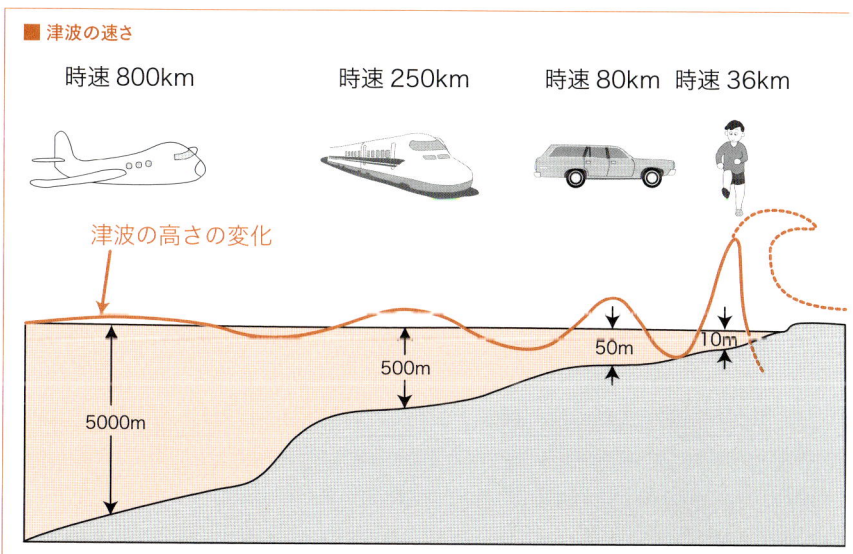

■ 津波の速さ

時速800km　時速250km　時速80km　時速36km

津波の高さの変化

5000m　500m　50m　10m

津波の速さは海岸付近でも時速36kmもあります

● 津波は繰り返し来る！

　津波は最初の波が来た後も繰り返しやってきます。しかも後の波のほうが大きいこともあります。そのためいったん波が沖に引いていっても決して油断してはなりません。

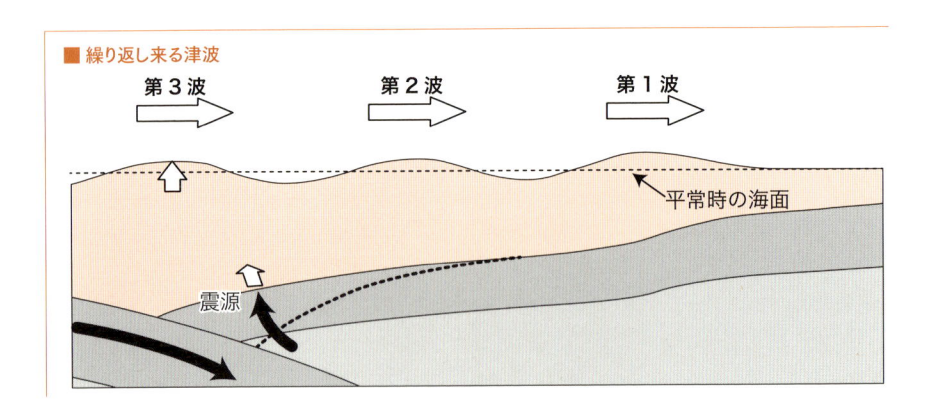

■ 繰り返し来る津波

第3波　　第2波　　第1波

平常時の海面

震源

● 津波は湾の形で大きくなることがある！

　下に基本的な湾の形を示しました。V字型の湾の場合、津波が湾奥に行くにしたがって高くなります。また、湾の形によって湾の奥に押し寄せる津波の高さが異なり、下図の左の形になるにしたがって津波が高くなります。また、逆に右図のように岬では先端で波が大きくなります。

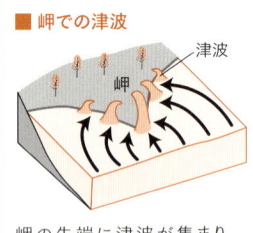

■ 岬での津波

津波
岬

岬の先端に津波が集まり、高くなります

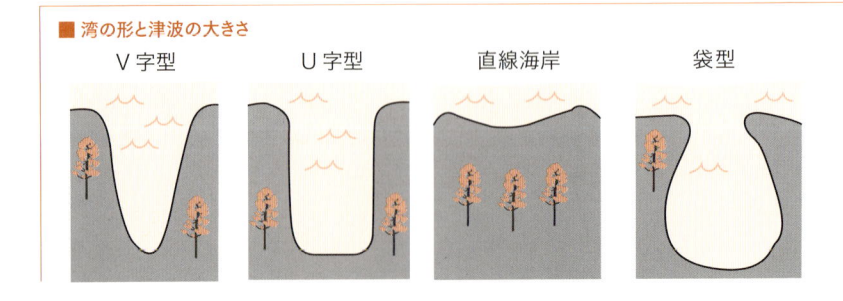

■ 湾の形と津波の大きさ

V字型　　U字型　　直線海岸　　袋型

● 津波の高さとは？

　津波の高さにはいろいろな表現があります。そのため、正確に言葉を使い分ける必要があります。

　津波の高さとは、海岸にある検潮所での平常時の海面の高さから津波時の海面の高さまでの高低差です。それ以外に、浸水した時の深さ（浸水高）、津波の跡が残っている場所の高さ（痕跡高）、津波が海岸付近の山の斜面などを駆け上がった時の高さ（遡上高）などの表現があります。

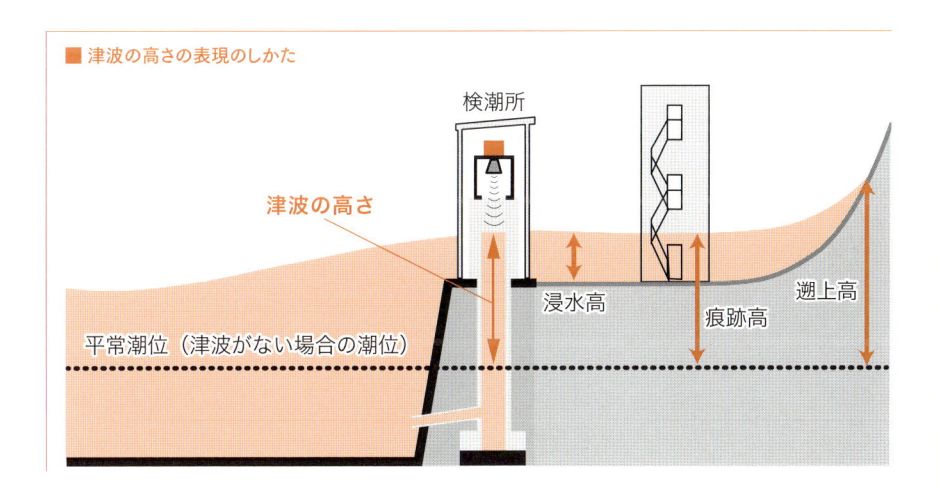

■ 津波の高さの表現のしかた

検潮所
津波の高さ
浸水高
痕跡高
遡上高
平常潮位（津波がない場合の潮位）

● 津波の高さは30cmでも怖い？

　津波の高さが30cmになると、波長が長いことと底から表面まですべての海水が動くことから、水深がその分増えたことと同じになり、大きな圧力で体を押し続けます。その時の海水の流れは0.3m/秒以上になっています。海水浴場の場合、安全速度を超える流速で、遊泳禁止になる速度です。海にいる場合はすぐに海から離れなければなりません。水の怖さについては6章も参考にしてください。

4 津波災害に備える

● 津波ハザードマップ

　海岸を地域にもつ自治体は津波に備えてハザードマップを作成しています。国土交通省では全国の自治体の津波ハザードマップの作成状況を公表しています。

○ 津波ハザードマップの例（和歌山県串本町） HP

　インターネットでは、下図に示した全国地図で緑色の部分の自治体をクリックすると、その場所のハザードマップを見ることができます。海岸にある多くの自治体ではハザードマップが公表されていますが、2015年2月26日現在で未公表のところもあります。

■ 全国の津波ハザードマップ作成地域

（国土交通省HP）
黒の部分の市町村はハザードマップが公開されています

■ 和歌山県串本町の津波ハザードマップ

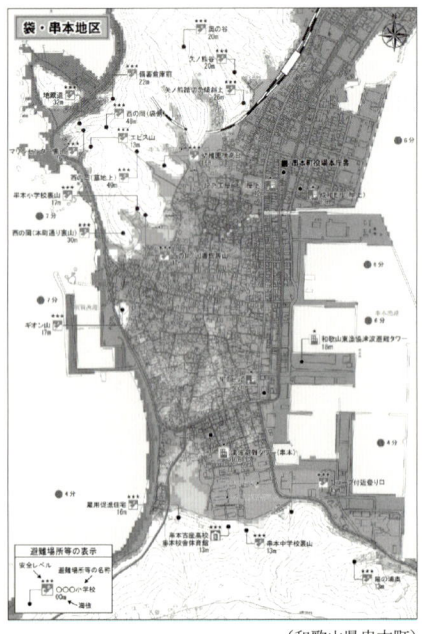

（和歌山県串本町）

　一口メモ　日本で一番高い津波は2011年3月11日の東北太平洋沖地震による津波です。大船戸市綾里湾では40.1mの遡上高が確認されました。2番目は同じ場所で、1896年の明治三陸津波での38.2mの遡上高の記録です。

●もし津波がきたら

国土交通省では津波が来たときの対処法を以下のように示しています。

○ 津波が来たときの逃げ方
1. 海岸付近で地震を感じたらすぐに高台や高いビルの屋上などに逃げる。
2. 最初の波が大きくなくても油断せず、次の波に備える。
3. 海岸で大きな引き波が起きたらすぐに陸地側の高いところへ逃げる。
4. 津波避難施設があるところではそこに向かう。
5. 日ごろから住んでいる地域の災害に対して関心を持っておく。どこまで逃げると高度がいくらになるかなど、町の地形も確認しておくとともに避難する最短経路を熟知しておく。

○ 津波を抑制する構造物の例
- 津波に耐えるような堤防・津波を弱めるための防潮林
- 津波が川を遡上するのを防ぐ河口の水門・陸閘（りっこう）(津波警報を受信すると自動的にゲートが閉まります)
- 津波被害を軽減するための湾口での防波堤
- 津波発生に関する情報を関係機関に伝達するほか、津波防災施設の管理などを担う津波高潮ステーションの設置など

■ 津波観測・情報伝達システムと津波を抑制する構造物の例

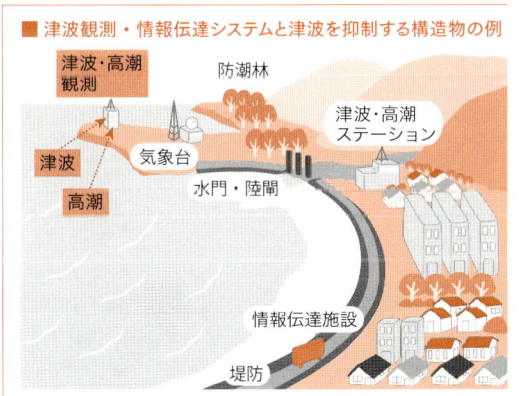

津波や高潮を観測すると、津波高潮ステーションに情報が伝達され、情報伝達施設によって津波・高潮情報が周知されます

● 津波避難タワー、津波避難ビル

　2011年の東北地方太平洋沖地震での津波災害以後、付近に滞在している人や近隣の住民のために、海岸周辺に津波避難施設の設置が急増しました。また、津波から逃げるための津波避難シェルターが販売されています。

　以下は現在建設(指定)されている津波避難施設の一例です。

- 津波避難タワー(三重県度会郡大紀町錦、静岡県掛川市菊浜地区、同今沢地区、和歌山県田辺市文里地区、神奈川県藤沢市鵠沼海岸、高知県奈半利町東浜、同生木)
- 津波避難センター(高知県高知市種崎)
- 避難広場の設置(和歌山県田辺市新庄町)
- 地域の高い建物を津波避難ビルに指定している自治体
  (千葉県木更津市、高知県高知市、東京都江東区、兵庫県尼崎市、大阪府大阪市)

■ 津波避難タワー（和歌山県田辺市文里地区）
（太田和良）

■ 津波避難ビル（インドネシア アチェ市）
柱のみの4階建てで壁はない

● 子供への啓もうはどのようにすればよいか？

　学校教育の教科授業の中には防災教育は含まれていません。そのため幼稚園や保育所、学校では防災教育は年3回行われる避難訓練を利用することになります。海岸近くにある教育施設では、津波に対する避難訓練を繰り返し実施することが望まれます。年3回の避難訓練では各回それぞれ地震、津波、火災に分けて避難訓練が行われています。

　津波避難訓練にあたっては、単に高いところへ逃げる方法のみを訓練するだけでなく、津波についての事前学習を行い、津波のしくみについてより詳し

く学ぶことで、避難がより実効性のあるものになります。著者の一人である柴山らは現地の大学教員らと協力して2005年から2014年にインドネシアの子どもに以下のような防災教育を行い、一部成果が見られました。

○ インドネシアの子どもに対する津波防災教育の例

　2004年12月のスマトラ沖地震で発生した津波被害をきっかけに、子ども用の津波防災パンフレットの作成を行いました。写真のような、パンフレットを開くと津波が飛び出す仕掛けがあるもので、津波の特徴や対処方法、津波が起きる仕組みなどが描かれています。子どもに伝えるには、できるだけ単純化し、一目で頭の中に入り込むようなものでなければなりません。また、強く印象に残るようなものでないと、とっさのときに学んだことが思いだせません。それらのことを考慮し、何度も試作を繰り返してパンフレットを作成しました。

　前述のインドネシア国立津波博物館から推薦を受け、これまでに約7万枚を配布しました。配布方法は、直接海岸付近の小学校を訪ねて津波の話をして配布したり、地元の学生が奉仕活動の一環として配布したり、津波博物館や地質博物館で配布物として配置したりしました。

　私たちが直接パンフレットを配布した海岸付近の小さな村には、その1週間後に津波が襲ってきました。近隣の村には多くの死者が出ましたが、この村では亡くなった方はいませんでした。その理由の1つに、小学校では普段、印刷物を生徒に渡すことがないため、配布したパンフレットを子どもたちが大切に自宅に持ち帰り、家族みんなで見ていたことがあげられます。

■ 津波防災パンフレット（イラスト：香川直子）

表紙 　　　　　　　内側 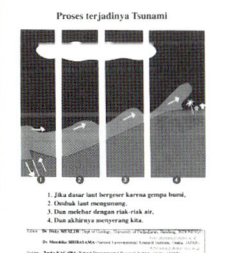　　　　　　　裏表紙

コラム 津波の予測技術

　津波をより速く正確に予報できるように、気象庁、港湾空港技術研究所、防災科学研究所、海洋開発研究機構は、沖合に設置したGPS波浪計や海底津波計によって津波を沖でとらえ、あらかじめ蓄えられた津波データーベースと比較し、津波の襲来する時刻と浸水範囲などの予測を敏速に行う技術の開発を行っています。

■ 津波予測のための方法

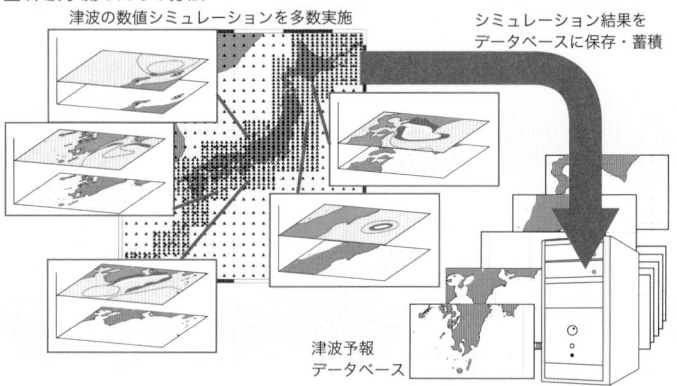

津波の数値シミュレーションを多数実施

シミュレーション結果をデータベースに保存・蓄積

津波予報データベース

　2015年1月現在、太平洋岸沖にGPS波浪計が18地点、海底津波計は36地点設置されています。
　これらのデータをもとにリアルタイムで津波の波形を監視しています。将来は観測点の大幅な増加が見込まれています。

■ GPS波浪計

（気象庁HP）

第3章

土砂災害

大雨による土砂災害の様子

1 土砂は怖い！

　最近、家の裏山から、パラパラと小石が落ちてくるようになりました。裏山には湧き水があり、イノシシがたまに現れるので、その時石を落としたのだろうと思っていました。しばらくすると、今度は、樹木が倒れだしたので、どうもおかしいと思い、湧き水のところまで行ってみると、あんなにきれいな水が、濁っているではありませんか。

　その次の日に樹木の根がミシミシと切断されるような音がしだしました。斜面がすこし膨らんできているような気がしたので、家にいるのが怖くなり、家族全員でお婆ちゃんの家に行こうということになりました。

　なんと、その日の夜に大雨が降って裏山が崩れ、我が家は押しつぶされてしまいました。そのままその日寝ていたら、どうなっていたことやら。

　この話は、土砂災害をまぬがれた家族がラジオ放送のインタビューで話していた内容です。

　斜面は何の前ぶれもなく突然崩壊することもありますが、よく観察していれば、前兆現象をとらえることで、土砂災害から身を守ることができる場合もあります。実際に地すべりの起きた土地で、住民が前兆現象の「地鳴り」を感じたので避難し助かったという例もあります。

■ 大雨による土砂災害の様子（広島県呉市）

（財団法人消防科学総合センター）
2010年7月19日、梅雨期の大雨で土砂災害が発生し、家屋が半壊しました

一口メモ　斜面崩壊ではなく、土石流の場合は、時速40～50kmと流下スピードが速いため、すぐに川から離れて横方向の高い場所に避難しましょう。

● 早良土砂災害

　1963（昭和38）年6月29日夜から翌30日午前6時頃にかけて、梅雨前線の北上に伴い、福岡市早良区（旧早良郡早良町）の佐賀県境背振山系の金山付近では局地的な集中豪雨に見舞われました。連続雨量は420.5mm、1時間あたりの最大雨量は110.5mmでした。

　この豪雨により、金山山地では大規模な山腹崩壊が155か所も発生し、室見川水系の角渓流は土石流によって瞬時に氾濫し、死者3名、被災家屋768戸、田畑埋没250haなどの被害が発生しました。

■ 早良土砂災害の様子

（福岡県県土整備部砂防課）
土石流通過後は、建築物は破壊され、膨大な量の土砂が堆積します

● 伊豆大島土砂災害 HP

　2013年10月16日未明の台風26号の豪雨により、伊豆大島西部で斜面崩壊が発生し、大島町元町地区に甚大な被害を与えました。伊豆大島は火山島であり、最近では1986（昭和61）年に噴火するなど、日本列島の中でも活動的な火山です。土砂災害が発生した大島町元町地区は、14世紀（西暦1338年頃と推定）の噴火で流れ出た溶岩流の上に造られた街です。

　斜面崩壊が発生した地域には、急傾斜地に14世紀の噴火以降に堆積した未固結な火山噴出物が厚く重なっています。また、斜面崩壊による土砂移動は、谷沿いのみならず、小さな尾根を含めた斜面全域で起こっています。このことか

第3章　土砂災害

ら、発生した斜面崩壊と土砂移動は、急斜面の表層を造る未固結の火山噴出物が記録的な豪雨によって流れ出し、土石流となったと考えられます。

土石流は西に向かって沢に沿うように河口部まで流れ、被害は長さ約1200m、範囲は約114万m^{2}に及びました。この土石流によって、元町神達地区や元町三丁目といった集落は飲み込まれ、36人の死者、3名の行方不明者を出しました。

なお、産業技術総合研究所HPより伊豆大島の地質図が確認できます。

■伊豆大島土砂災害の様子（平成25年台風26号）

（国土交通省HP）

沢に沿うように土石流は河口まで流れ、集落を飲み込みました

● 広島土砂災害

2014年8月20日に広島県広島市北部の住宅地を襲った大規模な土砂災害によって、74名が死亡しました。この土砂災害の誘因は、局地的な短時間で降った大雨であり、住宅地後背の山が崩れ、同時多発的に大規模な土石流が発生したことによります。

土石流は少なくとも3回発生したと推定されています。全体で推定2～3万m^{3}の土砂が流れ落ち、特に第2波と第3波が住宅地を直撃し、大きな被害をもたらしたとみられています。

■ 広島土砂災害の様子（平成26年8月豪雨）

（国土交通省HP）

8月20日午前3時20〜40分にかけて降った大雨が土砂災害を誘発しました。夜中の発生であったので、住民への避難勧告などがうまくいかず大きな被害が出ました

第3章 土砂災害

● 土砂災害の映像を見ることができるWebページ、DVD

　土砂災害に関する映像は、YouTubeや国・自治体などのHPで検索すると見ることができます。また、DVDで見ることもできます。以下にそのいくつかを紹介します。

Webページ　HP

これらのサイトでは、それぞれ以下の動画を見ることができます。
　◉国土交通省HP「政策・仕事」内「土砂災害映像（動画）ライブラリ」
　　このサイトでは、以下の3つの土石流動画を見ることができます。
　　・長野県 焼岳上々堀沢（1999年7月3日発生）、木曽川滑川（1999年6月27日発生）
　　・岐阜県 神通川水系白谷（2003年8月18日発生）
　◉福井県HP「くらし・環境」内「平成16年7月福井豪雨災害関連情報」
　　・上空からの災害発生状況
　　・土石流の流下状況
　　・県内の主な被災箇所状況
　　・土石流を防いだ砂防堰堤の効果事例

- 国土交通省北陸地方整備局HP金沢河川国道事務所「白山砂防」
  - 平成16年別当谷土石流災害
  - 平成18年別当谷上流で発生した山腹崩壊について
- 国土交通省富士砂防事務所HP「土石流等の映像」
  - 土石流の映像
- 国土交通省松本砂防事務所HP「ビデオ映像土石流映像配信中！」
  - 姫川出張所管内の土石流
  - 焼岳監督官詰所管内の土石流

DVD

- 『土砂動態』(㈳全国治水砂防協会)
- 『日本に住むための必須！！ 防災知識 小学校高学年』(㈳土木学会)
- 『調べよう！ 大雨と防災 わたしたちの自由研究』(京都府砂防・治水・防災協会)
- 『プロジェクトX挑戦者たち 絶体絶命650人決死の脱出劇』(㈱NHKエンタープライズ)
- 『がけ崩れを知ろう』(㈵土砂災害防止広報センター)
- 『大地が動く』(㈳斜面防災対策技術協会 富山支部)

2 土砂災害の実験・体験・見学

　土砂災害に関する実験には多くのものが開発されています。また資料館も各地に存在しています。国土交通省中国地方整備局では、土石流模型実験装置の貸し出しを行っており、実際に土砂が流れる様子を目で見て確かめることができます。また、YouTubeで実験動画を見ることができます。**HP**

一口メモ 日本以外では、フィリピン、インドネシア、ネパールなどで大規模な土砂災害が頻発しています。これらの国は土砂災害研究途上国のため、日本の積極的な支援が必要です。

●土石流模型実験装置

　水と小石を用いた土石流を、砂防堰堤のある渓流とない渓流で発生させ、その効果や必要性が理解できます。なお、この装置は特定非営利活動法人土砂災害防止広報センターで販売されています。

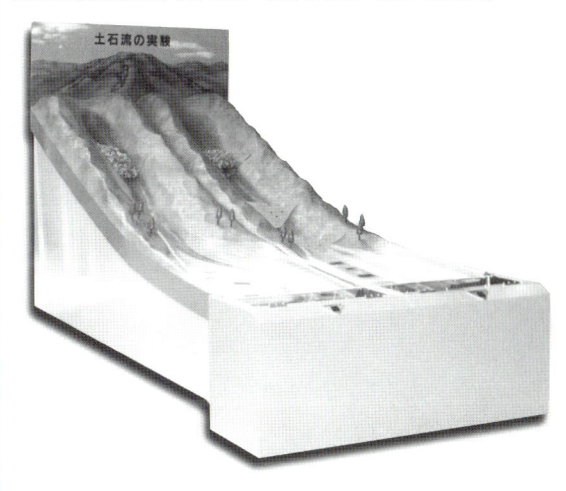

■ 土石流実験装置（幅1600×奥行き2020×高さ1200mm）

（NPO法人土砂災害防止広報センター）
（下）上方から石やビーズなどを流下させると、河川の橋などの構造物で進路を妨害され、この地点で堆積する様子が見られます

●ジオラマを用いた斜面崩壊実験

　斜面の崩壊を実物で実験することは、費用面や技術面から容易ではありません。そこで、実物の代わりに、砂や小さな道具でジオラマを作ることで、斜面崩壊を擬似体験できます。ジオラマとは、展示物やその周辺環境・背景を立体的に表現し、縮尺模型での作品展示を行う手法です。

> 実験と観察

> ●材料
> ・ストロー　・ゴムチューブ　・金属棒　・ペットボトル
> ・ミズゴケ　・ゴムシート　・茶こし　・砂　・トレイ

❶トレイに砂を入れ、写真のように地形を作ります。砂を入れるときは、地下水の浸透の違いを分かるようにするため、ゴムシートを敷いているところと敷いていないところに分けます。砂の上のゴムシートは街、茶こしは井戸、ミズゴケは森を表します。なお、材料はほとんど100円ショップで用意できます。
❷ストローに小さな穴をあけて、ペットボトルで作製したポンプで水を汲み上げて、水が出るようにし、雨を再現させます。雨の強弱はポンプの加減で調整します。
❸雨を降らせると砂で作った山の斜面が崩壊します。緑化による斜面対策を表したミズゴケで覆われた山の表面は、なかなか崩壊しません。

　また、砂の下にゴムシートを敷いているところと敷いていないところでは、井戸を表す茶こしに溜まる水の量が違います。さらに、ゴムシートを敷いて街を表した部分には雨が地下に浸透しないことが分かります。

■ ジオラマでの斜面崩壊実験の様子

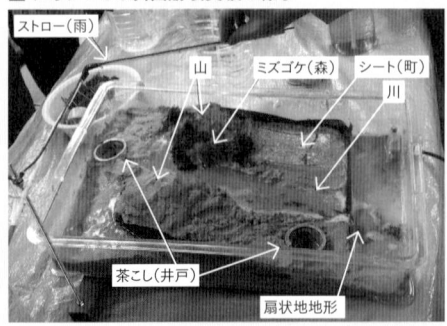

（NPO法人地盤・地下水環境NET）
簡単に用意できる材料でジオラマを作成し、斜面崩壊を観察します

■ ポンプの作り方

（NPO法人地盤・地下水環境NET）
ポンプはペットボトルとゴムチューブで作ります。その先には穴をあけたストローをつけます

●防災研究所で学ぶ 🆗

　京都大学防災研究所宇治川オープンラボラトリーでは、大学の研究者のみならず、小・中学校や高等学校の先生や生徒たちが、土砂災害に関するいろいろなことを学べる体験イベントを開催しています（水害はP155参照）。

　土石流に関しては、長さ2mの模型で、土石流が流れる様子を見ることができます。また、いろいろなタイプの砂防ダムの模型を使用して、土石流をせき止める方法や環境に配慮した砂防ダムの効果を実演しています。HPから詳細を確認できます。

●土砂災害資料館・見学・体験施設 🆗

　ここでは、土砂災害に関する資料館を紹介します。なお、実際に見学などされる場合は、事前連絡が必要な施設もありますので、確認をしてください。

◉さぼう遊学館（岐阜県海津市）

　主に小学生を対象に砂防を遊びながら、学ぶ施設です。土砂災害砂防事業を紹介する映像スペースや学習ゲーム、屋外ゾーンなどがあります。実験装置を使用しながら、土石流について学ぶこともできます。

◉白山砂防科学館（石川県白山市）

　砂防という観点から、白山の自然や地質、歴史、人々の暮らし、そして白山特有の崩れを、いろいろな映像や展示を通じて科学的に勉強する展示施設です。災害の監視施設のみならず、いざ災害が起こったときには避難所として、さまざまな目的で利用されています。

◉地すべり資料館（新潟県上越市）

　地すべり対策の重要性を理解してもらうために建設された、日本で最初の本格的な地すべり資料館です。

　実験コーナーでは、液状化や土石流、雪崩といった自然災害が模型を使って体験できます。また、遊戯模型を使って地すべり工事について知ることができます。

　さらに、地すべりの監視・観測を行う代表的な機器に、触れて・動かすことで、観測状況を体験できます。

●天竜川上流河川事務所砂防情報センター（長野県駒ヶ根市）

　中央アルプスの駒ケ岳や空木岳を源とした太田切川流域にある情報施設です。太田切川流域の地域特性や土砂災害の恐ろしさ、砂防事業の意義等について、見て・触れて・学習できます。館内には流域地形ジオラマや映像コーナー、渓流魚水槽、土石流・地すべり模型実験装置などが配置されています。また、併設の降雨体験車「あめ太郎」では、土砂災害の原因となる降雨について、車内で体験できるようになっており、時間雨量10mmから180mmまでの6段階で、周囲の視界がどのように変化するかを知ることができます。

■ 降雨体験車「あめ太郎」

（天竜川上流河川事務所砂防情報センター「あめ太郎」）
車の中から、降雨量の異なる雨を体験し、視界の違いを確認できます

●亀の瀬地すべり資料室（大阪府柏原市）

　亀の瀬地すべりの対策工事について学べます。なお、実際に行われた対策工事の現場や、1932（昭和7）年の地すべりによって壊れた旧国鉄（現在のJR）関西本線亀の瀬トンネルの見学もできます。

　亀の瀬地すべりは、大阪府柏原市を中心とする地域で発生しました。すべりの幅、長さ、深度（推定土量約1500万km^3）が日本の地すべりの中でも最大級のものです。

　調査の結果、4万年前から断続的に地すべりが発生しており、明治以降では1903（明治36）、1931（昭和6）、1932（昭和7）、1967（昭和42）年に発生しています。

　現在、地すべりを起こした斜面の崩落を防ぐために対策事業を行ってい

す。1959(昭和34)年10月に地すべり防止区域に指定され、さらには1962(昭和37)年に国の直轄施工区域に指定され、直轄工事が開始されました。ひとたび地すべりが発生すると川がせき止められ、二次災害に繋がりかねないため、国土交通省近畿地方整備局大和川河川事務所の管轄のもと、大規模な対策事業と監視活動が行われています。

■ 亀の瀬鉄道トンネル

1932年の地すべりによって壊れた亀の瀬鉄道トンネルの見学ができます

3 土砂災害を学ぶ

●土砂災害の起きる原因

　日本の国土は険しい地形が多く、地質が脆弱で、さらに火山の活動により土壌条件の悪い箇所が広く存在します。
　また、日本は地理的条件によって気候変化に富んでおり、降雨量が多い国としても有名です。このため、梅雨期や台風シーズンを中心とした豪雨に伴って、土砂災害が頻繁に発生しています。
　日本の国土の75％が山地または丘陵地という地形条件のため、人が住める場所は国土の30％程度しかありません。さらに、このうち標高100m以下の土

地に人口の約80％（約1億人）が住んでいます。

　このため、近年都市周辺部の丘陵地や山麓部にまで居住地の開発が進行しており、土砂災害は人間生活に関わりの少ない山奥だけの現象にとどまらず、身近な災害としてもとらえる必要が高まっています。

　土砂災害は毎年必ず発生し、多くの犠牲者を出している点で際立っています。阪神・淡路大震災や東日本大震災という例外的な災害を別にすれば、自然災害による人的被害の4割は土砂災害が占めています。他の災害に比べても"身近な災害"である土砂災害について、正しい知識を身につけ、正しく備える必要があります。

● **土砂災害には3つある**

　土砂災害とは、山やがけなどの斜面で岩石や土が移動することにより引き起こされる災害のことです。地形学的にはさまざまな分類があります。「**土砂災害防止法**（一口メモ参照）」では、以下の3つによって生じる被害を土砂災害と定義し、一般的にもこれらを土砂災害といいます（詳しくはP73-75参照）。

- 急傾斜地崩壊（がけ崩れ）
- 土石流
- 地すべり

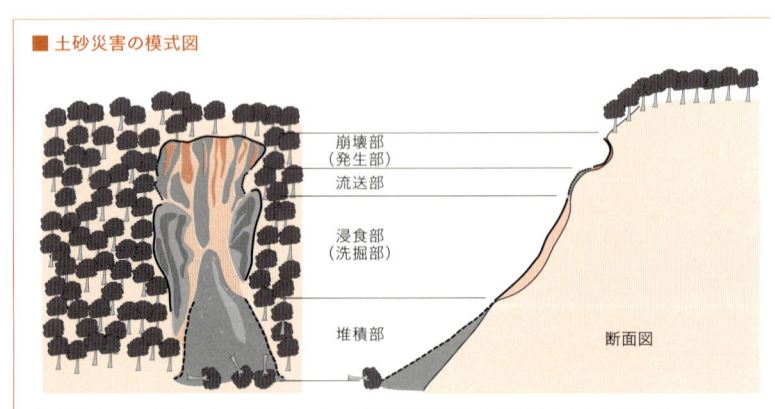

■ 土砂災害の模式図

崩壊部（発生部）
流送部
浸食部（洗掘部）
堆積部
断面図

土砂崩壊による災害には、崩壊そのものが道路埋没や家屋倒壊をもたらす直接災害と、崩壊土砂が渓流に流れて土石流を発生させるなどの間接災害があります

一口メモ　土砂災害を回避するためには、「住民が土砂災害について知る努力と行政が知らせる努力」が必要です。これらを具体的に推進するための法律が「土砂災害防止法」です。

土砂崩壊箇所の断面形状は、崩壊部（発生部）、流送部、浸食部（洗掘部）、堆積部からなっています。崩壊部は、一般的には斜面が急傾斜で、人的利用はほとんどないため、直接的災害は少ないですが、流送部から堆積部にかけては、範囲も大きく人的利用も広く行われているため、災害の規模も大きくなります。

● **土砂災害の発生要因**

　土砂災害とは、山やがけなどの斜面で岩石や土が移動することによって引き起こされる災害のことをいいます。

　土砂災害は、誘因（きっかけとなる要素）と素因（もともと備わっている要素）が関連して発生します。素因には地質構造、地質、土質などがあります。誘因には降雨、地下水、地震などがあります。これらの誘因、素因を詳しくみると自然的要因と人為的要因に大きく二分されます。

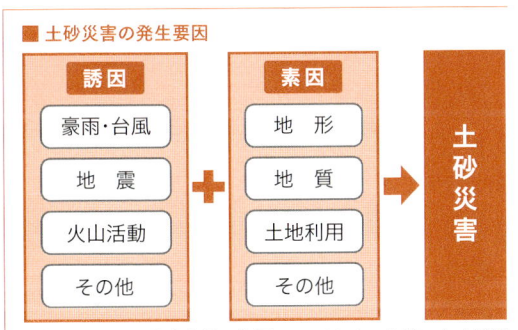

■ 土砂災害の発生要因

誘因	素因	
豪雨・台風	地形	土砂災害
地震	地質	
火山活動	土地利用	
その他	その他	

日本は、環太平洋造山帯に位置しているため、地震・火山活動が盛んであり、さらに台風の多い国でもあります。また、険しい地形と脆弱な地質の箇所が多いため、土砂災害が頻発します

　土砂災害は地質、土質などの自然的要因と深い関係を持っています。しかし、近年の土砂災害では、切土や盛土などの人為的要因が大きく関与しています。つまり、土木工事などによる開発行為が何らかの形で関与しています。

　特に大都市周辺では、丘陵地にまで宅地造成が進行し、丘陵地特有の起伏を均し、平坦な土地を造成する過程で、尾根部の切土や谷部の盛土を余儀なくされています。このような人工的改変に伴い、土砂災害が発生しやすい土地を造ってしまっているといえるでしょう。

■ 土砂災害の素因と誘因

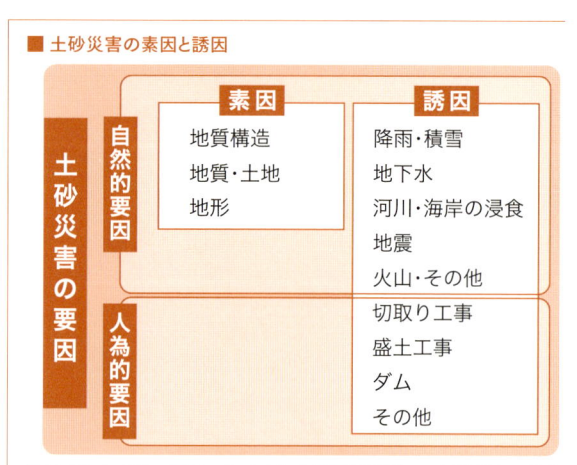

土砂災害の要因	自然的要因	素因	誘因
		地質構造 地質・土地 地形	降雨・積雪 地下水 河川・海岸の浸食 地震 火山・その他
	人為的要因		切取り工事 盛土工事 ダム その他

近年の日本では、誘因の中で人為的要因が影響して土砂災害が発生しているケースが多いため、開発行為を慎重にする必要があります

● 土砂災害の警戒区域と特別警戒区域 HP

　土砂災害防止法では、都道府県知事が、土砂災害警戒区域および土砂災害特別警戒区域の指定を行うことができるとしています。

　土砂災害警戒区域とは、土砂の崩壊などが発生した場合に、住民などの生命または身体に危害が生じるおそれがあると認められる区域であり、危険の周知、警戒避難体制の整備が行われます。

　また、土砂災害特別警戒区域とは、土砂の崩壊などが発生した場合に、建築物に損壊が生じ、住民などの生命または身体に著しい危害が生ずるおそれがあると認められる区域で、特定の開発行為に対する許可制、建築物の構造規制、建築物の移転などの勧告が行われます。なお、移転については、住宅金融支援機構の融資などの支援を受けることができます。

　なお、各都道府県が公開している土砂災害危険箇所、土砂災害警戒区域は国土交通省HP「砂防」内「各都道府県が公開している土砂災害危険箇所と土砂災害警戒区域」で確認できます。

●土砂災害の種類

○急傾斜地崩壊（がけ崩れ）

　集中豪雨や地震などにより、傾斜度が30度以上の斜面の地盤がゆるみ、抵抗力の低下や浮石の抜け出しが生じて瞬時に斜面が崩れ落ちることを「急傾斜地崩壊（がけ崩れ）」といいます。突発的に起こり、崩れ落ちるスピードが速く大きな破壊力を持つため、人家の近くで起きると逃げ遅れる人も多く、被災者のうち死者の割合が高いという特徴があります。

　特に水の集まりやすい斜面は注意が必要です。また、過去にがけ崩れのあった斜面の周辺は要注意となります。

　急傾斜地崩壊（がけ崩れ）の土砂災害警戒区域の定義は以下の通りです。

- 傾斜度が30度以上で高さが５ｍ以上の区域
- 急傾斜地の上端から水平距離が10m以内の区域
- 急傾斜地の下端から急傾斜地の高さ２倍（50mを超える場合は50m）以内の区域

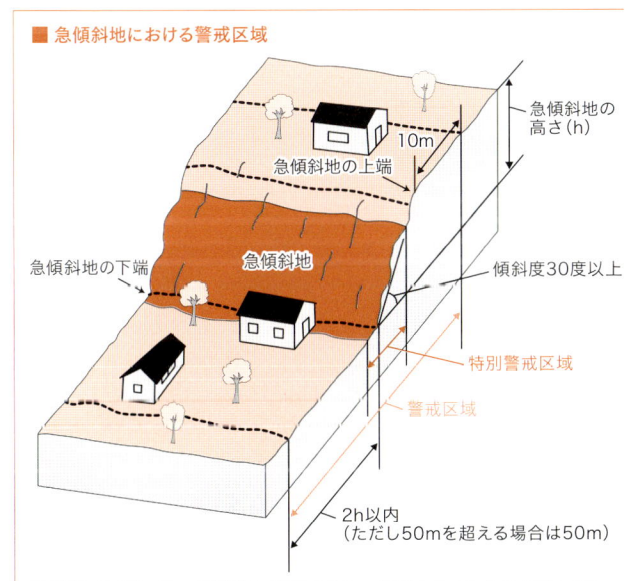

■ 急傾斜地における警戒区域

特別警戒区域では、建築物に損壊が生じ、住民などの生命や身体に著しい危害が生ずるおそれがあります。ここでは、特定の開発行為に対しては許可制がとられ、建築物の構造規制などが行われます

○ 土石流

　山腹が崩壊して生じた土石や渓流にたまった土砂が、長雨や集中豪雨などによって水と一体となって一気に下流へ押し流される現象を「土石流」といいます。時速20〜40kmと自動車なみの速度で流れ、破壊エネルギーが大きいため、人家や田畑を押し流し壊滅的な被害をもたらします。

　土石流が急傾斜地崩壊や地滑りと異なる特徴は、流下距離が長く、時には10Km程度にまでなるものもあり、しばしば大きな石や岩を含んでいることがあります。

　土石流による災害は、急勾配の渓流や上流が崩壊などで荒れている渓流において注意が必要です。特に、過去に土石流が発生した渓流は要注意となります。

　土石流の土砂災害警戒区域の定義は以下の通りです。

- 土石流の発生のおそれのある渓流において、扇頂部から下流で勾配が2度以上の区域

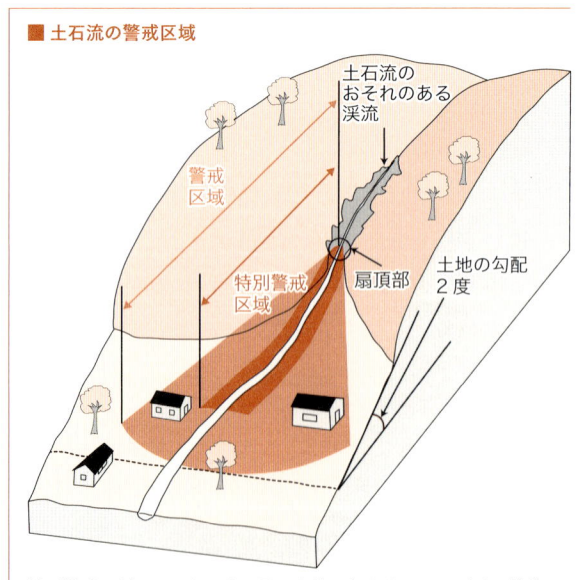

■ 土石流の警戒区域

特別警戒区域では、土石流の量や土地の勾配などにより決まる数値が、建築物の耐力を上回り、住民の生命または身体に著しい危害が生ずるおそれがあります

○ 地すべり

　比較的緩やかな斜面において、地中の滑りやすい層（粘土・泥岩などをふくむ地層）の地盤が、地下水の影響などを受けてゆっくりと動き出す現象を「地すべり」といいます。一度に広い範囲が動くため、ひとたび発生すると人家、道路、田畑などに大きな被害をもたらします。また、川をせき止めて洪水等を引き起こす原因になることもあります。

　地すべりによる災害は、亀裂や樹木が傾くといった前兆現象が認められることが比較的多いので、このような前兆が現れた場合は注意が必要です。

　地すべりの土砂災害警戒区域の定義は以下の通りです。

- 地すべりしている区域または地すべりするおそれのある区域
- 地すべり区域下端から、地すべり地塊の長さに相当する距離（250mを超える場合は、250m）の範囲内の区域

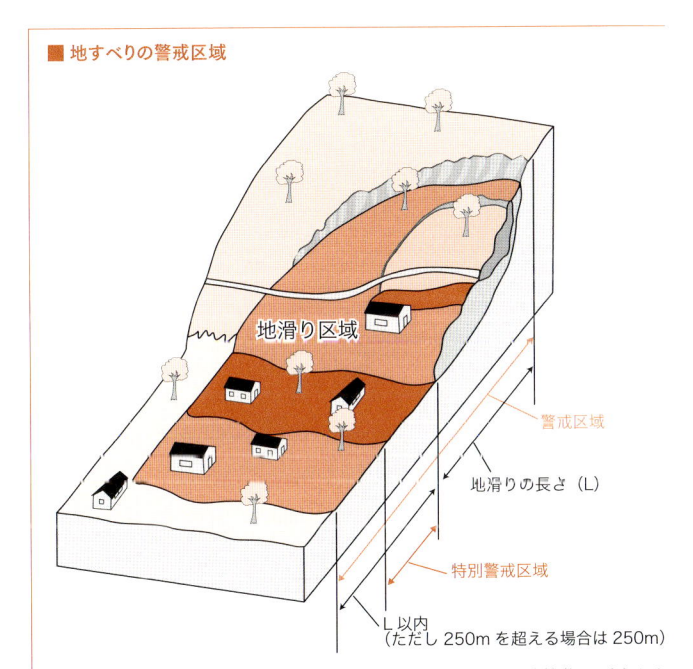

■ 地すべりの警戒区域

警戒区域
地滑りの長さ（L）
特別警戒区域
L以内
（ただし 250m を超える場合は 250m）

特別警戒区域では、地すべりで土石などの移動による力が、建築物の耐力を上回り、住民の生命または身体に著しい危害が生ずるおそれがあります

コラム 地名と災害

　地名は、古代の人が大地に書き残した文字といわれています。命名当時は、その土地柄にふさわしい表現であったと思われます。漢字が大陸から伝わってから地名に当て字が使用されるようになり、長い年月を経て我々の生活になじみのある地名として溶け込んでいます。

　例えば、がけ崩れが起きやすい土地には「すぎ、しだ、ずき、ひら、すげ」など、土石流の襲われやすい土地には「たき、たけ、たか、あず、たこ」など、地すべりの起きやすい土地では、「さる、され、さら、いた、かき、うめ」など、また、液状化で注意を要する未固結の軟らかい地盤（軟弱地盤）でできている土地では、湿地を表す「ぬた、にた、むた、むだ」など、山間の湿地を表す「やち、やつ」、入江や入海を表す「わだ」などがあります。

　一方、地盤条件がよく洪水に対する安全性の高い自然堤防や段丘を示す地名には「そね、ようがい」などがあります。

　自然災害には地域性があり、土砂災害、地震災害、洪水災害など、地形と土地の「クセ」に関係が深いです。この土地の「クセ」を地名から想像することで、防災意識を高めることができ、災害を最小限にとどめることにもつながります。

　しかし、最近では造成地に「希望ヶ丘」、「緑が丘」、「美しが丘」などのもともとの土地の性質とは関係のない地名がつけられることが多いため、新たに住居を購入する場合は、事前に古い地形図などを調べておくことも重要です。

4 土砂災害に備える

日本は、土砂災害が発生しやすい自然条件であることに加えて、土砂災害を誘発しやすい気象条件も数多く抱えています。国土交通省の資料でこの10年間の推移を見ると、毎年約1000件程度の土砂災害が発生しています。

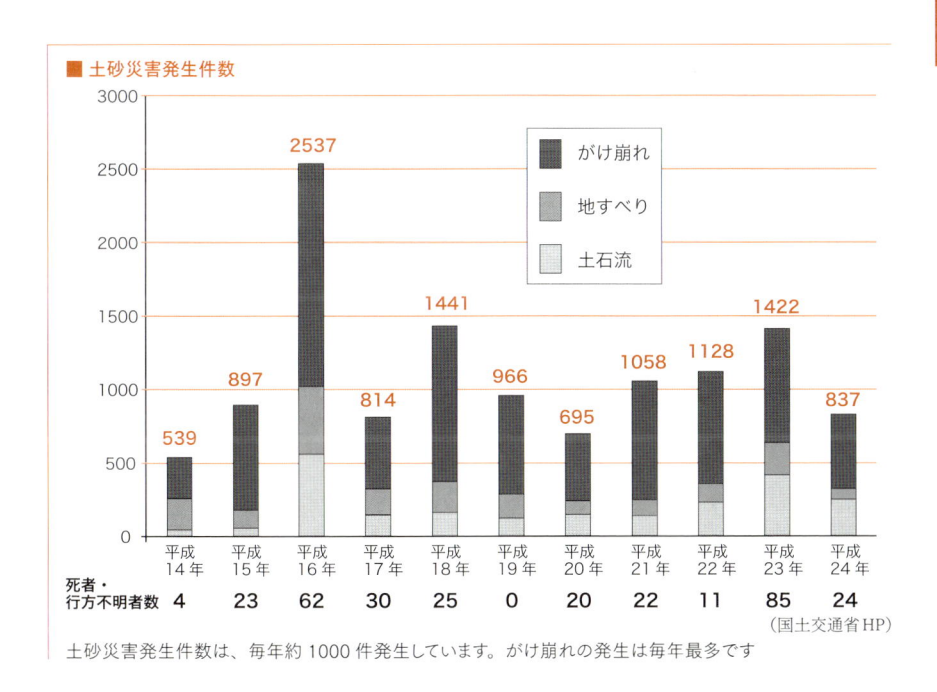

■ 土砂災害発生件数

年	件数	死者・行方不明者数
平成14年	539	4
平成15年	897	23
平成16年	2537	62
平成17年	814	30
平成18年	1441	25
平成19年	966	0
平成20年	695	20
平成21年	1058	22
平成22年	1128	11
平成23年	1422	85
平成24年	837	24

（国土交通省HP）

凡例：がけ崩れ、地すべり、土石流

土砂災害発生件数は、毎年約1000件発生しています。がけ崩れの発生は毎年最多です。

土砂災害による被害者のうち、自力で避難することができない、いわゆる災害時要援護者の割合は全体の半数を超えています。このような現実をみると、土砂災害から身を守るためには、以下のような対応が重要となります。

- 自分の住んでいる地域が、土砂災害危険箇所か否かを確認する。なお、土砂災害危険箇所は詳細な調査結果に応じて、土砂災害警戒区域に指定される。
- 土砂災害警戒情報や雨量の情報に注意を払う。
- 大雨時や土砂災害警戒情報が発表された際には早めに避難する。夜間に大雨が予想される場合は明るいうちに避難する。

●土砂災害の前兆現象

　大雨などにより土砂災害が発生する前には、その前ぶれとして以下のような現象（前兆現象）が多く見受けられます。前兆現象に注意して迅速に非難することで最悪の状況を避けることができます。

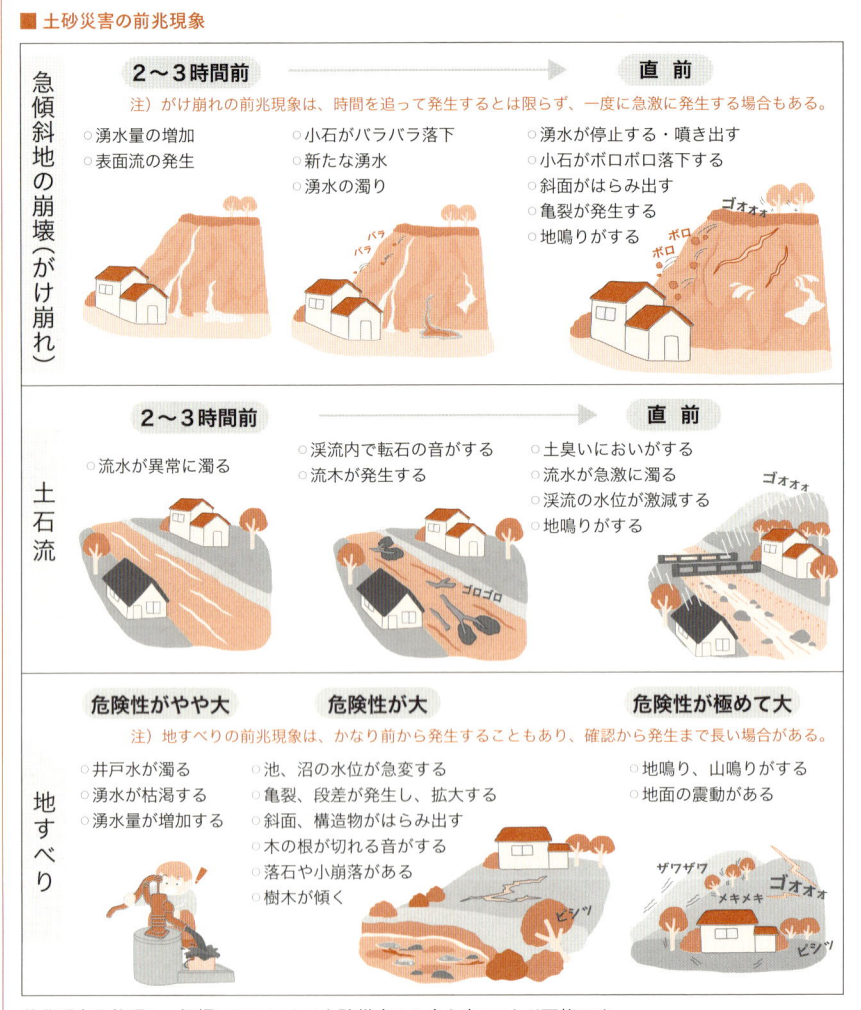

■ 土砂災害の前兆現象

急傾斜地の崩壊（がけ崩れ）

2〜3時間前 → 直前

注）がけ崩れの前兆現象は、時間を追って発生するとは限らず、一度に急激に発生する場合もある。

- 湧水量の増加
- 表面流の発生

- 小石がバラバラ落下
- 新たな湧水
- 湧水の濁り

- 湧水が停止する・噴き出す
- 小石がボロボロ落下する
- 斜面がはらみ出す
- 亀裂が発生する
- 地鳴りがする

土石流

2〜3時間前 → 直前

- 流水が異常に濁る

- 渓流内で転石の音がする
- 流木が発生する

- 土臭いにおいがする
- 流水が急激に濁る
- 渓流の水位が激減する
- 地鳴りがする

地すべり

危険性がやや大　　危険性が大　　危険性が極めて大

注）地すべりの前兆現象は、かなり前から発生することもあり、確認から発生まで長い場合がある。

- 井戸水が濁る
- 湧水が枯渇する
- 湧水量が増加する

- 池、沼の水位が急変する
- 亀裂、段差が発生し、拡大する
- 斜面、構造物がはらみ出す
- 木の根が切れる音がする
- 落石や小崩落がある
- 樹木が傾く

- 地鳴り、山鳴りがする
- 地面の震動がある

前兆現象を整理し、把握しておくことで土砂災害から命を守ることが可能です

●土砂災害ハザードマップ

　土砂災害危険個所や土砂災害警戒区域は、自治体などで土砂災害ハザードマップとして公表されています。

　土砂災害ハザードマップとは、土砂災害警戒区域及び土砂災害特別警戒区域並びにこれらの区域における土砂災害の発生原因となる自然現象の種類（急傾斜地の崩壊、土石流、地すべり）を表示した図面に、土砂災害防止法第7条第3項に規定される以下の事項を記載したものをいいます。

1. 土砂災害に関する情報の伝達方法
2. 急傾斜地の崩壊等のおそれがある場合の避難地に関する事項
3. その他警戒区域における円滑な警戒避難を確保する上で必要な事項

■ 土砂災害ハザードマップの例

土砂災害危険箇所
- 土砂災害特別警戒区域
- 土砂災害警戒区域

平成18年度撮影
（茨城県那珂市）

土砂災害発ハザードマップを参照し、緊急時の避難経路などを事前に把握しておくことが重要です

● 土砂災害防止策

　土砂災害の防止にはハードとソフト両面からの対策が必要になります。ハザードマップはソフト対策に欠かせないものです。

　土砂災害対策のハード対策の例を以下に示します。ハード対策の整備には膨大な時間と費用を要することから、情報伝達などのソフト対策の取り組みを踏まえて優先度を明確にし、「選択と集中」で計画的に取り組む必要があります。

● ハード対策
○ 土石流の対策例

　荒れた山地からの土砂の流出を防ぎ、中下流部の河道を安定させて土石流災害から人命・財産を守る必要があります。平常時は安全な量の土砂を少しずつ流し、土石流発生時には多量の土砂を受け止め、下流への流出を防ぐ工法として、鋼製スリット砂防堰堤があります。

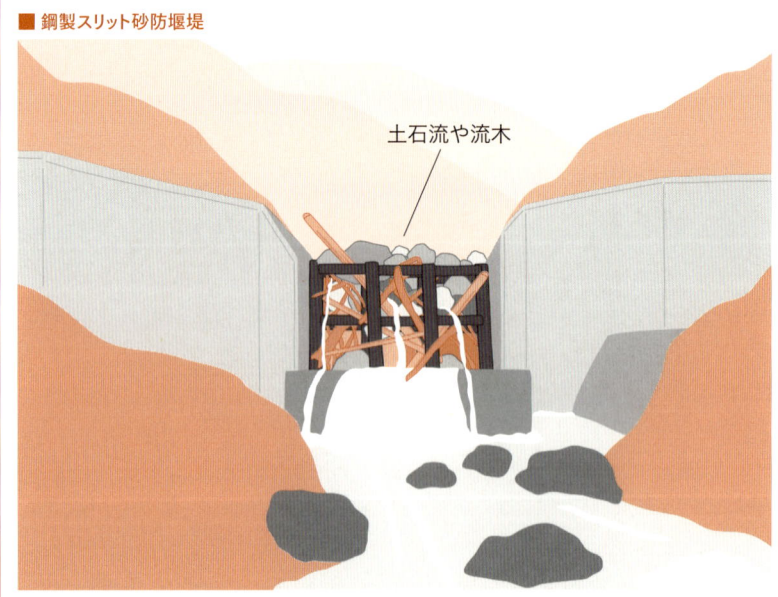

■ 鋼製スリット砂防堰堤

土石流や流木

平常時は土砂を下流へ流し、洪水発生時には鋼製のスリット部で大きな石や流木を受け止め、土石流を防ぎます。また、土石流の捕捉だけではなく、流木なども鋼製スリット砂防堰堤で受け止めます

○ がけ崩れの対策例

「擁壁工」や「法枠工」で急斜面を抑えたり、「落石防止工」で崩れてきた土砂を受け止め、がけ崩れ災害から人命・財産を守ります。

危険な斜面の崩壊を防止するとともに、環境面を配慮し自然木をそのまま残し、枠内には花を植えるなど緑化への工夫をした「現場打ち吹付法枠工」があります。

■ がけ崩れを抑える工法（法枠工）

格子状の枠をモルタルやコンクリートで吹き付けて造成し、枠内には植生を施します

○ 地すべりの対策例

人家や公共施設に直接被害をおよぼすおそれのある箇所に、地すべりの原因となる土のかたまりや地下水を取り除くなどの防止工事を行うことで、地すべり災害から人命・財産を守ります。

地すべりでは、地下水が地すべり運動に深く関与していることが多いため、地表水と地下水の排除を行い、すべり面に作用する水圧の低下を図ることを最初に考えます。

採用例の多い工法には、水路工、暗渠工、明暗渠工、横ボーリング工（水抜きボーリング工）、集水井工、排水トンネル工などがあります。ただし、排水トンネル工は、大規模な地すべり対策で採用されています。

地下水位の低下で、**計画安全率**（目標安全率とも言います。一口メモ参照）を満たせればよいのですが、それを満たせないときには、他の工法を併用します。

一口メモ 安全率が1.0はぎりぎりで安全を保っている状態。1.0を超えると安全を確保できます。一般的には計画安全率は1.2が採用されることが多いです。

■ 地すべり対策のための工事

集水井工
河川　排水トンネル工　横ボーリング工

地すべり対策工は、色々な対策工法を組み合わせることで、地すべりが発生しないようにしていることが多いです

● ソフト対策

　ソフト対策の構築は住民の協力も必要になりますが、基本的な部分は行政側が整備していくことになります。

　土砂災害においては、土砂災害危険箇所と区域の住民への周知（ハザードマップを活用）や、警戒避難を行うための基準の設定、情報伝達体制の整備、避難方法や避難場所の周知などの警戒避難体制の整備を行うことで、災害防止を図り被害を少なくすることが重要です。

　そのためには、以下の2つを整備することが必要不可欠になります。

○ 情報基盤整備

　情報基盤整備は、土砂災害から人命を守るために、的確な情報の収集・伝達と早期避難を可能とする警戒避難体制の整備を行うことです。そのために「テレメータ雨量計」といった観測機器の適切な配置、中継局、監視局、統制局の整備を行い、総合河川情報システムからの情報とあわせて、土砂災害に対する警戒避難活動を支援するための整備を進める必要があります。

○ 情報相互通報システム

　情報相互通報システムとは、土砂災害から人命を守るため、平常時から豪雨時を通じて、土砂災害情報を住民と行政機関が相互に通報する以下のような体制を整備することです。

1. 土砂災害危険箇所等の情報提供
2. 早期避難の参考となる雨量情報の提供
3. 住民から、土砂災害の前兆現象や災害情報などを提供してもらうための窓口の設置

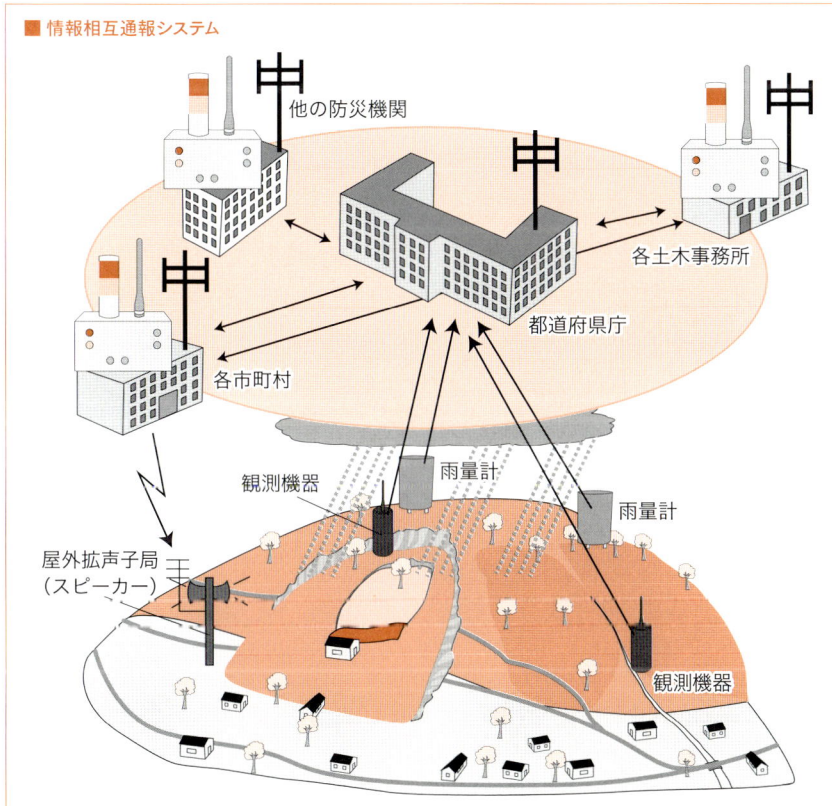

■ 情報相互通報システム

土石流・地すべり・がけ崩れ等の土砂災害から人命を守るためには、的確な情報伝達により、早急に避難が可能となるような警戒・避難体制が重要です。このために情報基盤整備が必要不可欠になります

コラム　災害時に役立つ GIS（地理情報システム）

　GISは、コンピュータ上に地図情報やさまざまな付加情報を持たせ、作成・保存・利用・管理し、地理情報を参照できるように表示・検索機能をもったシステムをいいます。

　GISは人工衛星、現地踏査などから得られたデータを、空間、時間の面から分析・編集することで、利用の対象は非常に広範囲にわたります。たとえば、不動産、都市インフラ（道路、上下水道、電気、ガスなど）、建物・施設、人口、農産物、土地、災害、顧客、現在位置など、いろいろな情報がGISの対象となりえるので、災害時にすぐに復旧のための対応がしやすいです。

　コンピュータの発展にともなって膨大なデータの扱いが容易になり、リアルタイムでデータを編集（リアルタイム・マッピング）したり、シミュレーションを行ったり、時系列のデータを表現するなど、従来の紙面上の地図では実現不可能であった高度な利用が可能になってきています。

　GISの大きな特徴の1つに、「地図画面を構成するデータが、レイヤー（階層的な）構造であること」があげられます。

　レイヤーとは、もともと「層」を意味する単語で、各種データが描かれた透明な板が何層も重なった状態をさします。

　GISでは、都道府県などの区画を表した地図上に、緑地や河川、道路や鉄道など、それぞれ個別のデータを何層にも重ねて、1つの背景図を構成します。

■ レイヤー構造の例

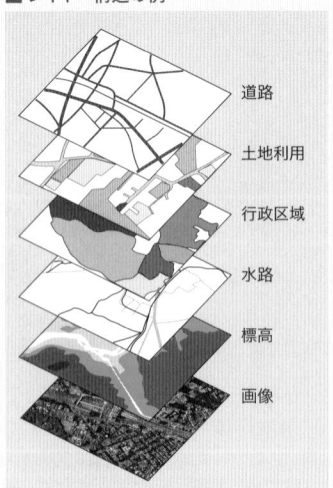

道路
土地利用
行政区域
水路
標高
画像

第4章

火山災害

噴煙を上げる三宅島雄山

1 火山は怖い！

　その時、長崎県島原半島の雲仙普賢岳では、噴火が始まって半年ばかり経っていました。1792(寛政４)年の大噴火以来198年ぶりの噴火です。小康状態と活発化を繰り返していました。フランスの火山研究者クラフト夫妻とアメリカ地質調査所のハリー・グリッケンは、この日も普賢岳が見渡せる高台の観測地点にいました。夫妻は火砕流が発生しても、火砕流はこの高台より下の谷間を流れていくと考えていました。しかし、この日発生した大規模な高温火砕流は時速100kmで斜面を下り、この高台の観測場所も覆い尽くし、火山研究者３名、消防団員12名、警察官２名、市職員２名、タクシー運転手４名、住民４名、報道関係者16名の合計43名を巻き込み、４キロ先の住宅約390戸を焼き払って流れ下ったのです。

　1991年６月３日午後４時８分に発生した1000℃の高温火砕流は、３人の外国人火山研究者を含む多くの犠牲者を出した、これまでにない大災害でした。クラフト夫妻は著名で経験豊富な火山研究者で、これまでにも危険を冒して数々の火山噴火を撮影し、その噴火ビデオは高く評価されていました。この時の火山噴火はベテランの火山学者も予想できなかったほどの大規模なものであったことがうかがえます。

■1991年６月３日に発生した雲仙普賢岳の火砕流（『毎日新聞』1991年６月４日〔朝刊〕）

（毎日新聞社提供）

一口メモ　火砕流という専門用語は、この1991年の雲仙普賢岳の噴火で広く知れ渡るようになりました。

●御嶽山の突然の噴火

2014年9月27日11時52分に突然噴火が起きました。長野県と岐阜県の県境にある標高3067mの御嶽山は手軽に登れる3000m級の山として人気が高い山です。またこの時期は紅葉の盛りでもあったため、多くの登山者が山頂付近で昼食や休息をとっていました。この日は天気も良く、ここが火山であることをほとんどの人が忘れているかのようでした。

■ 2014年9月27日山頂付近から噴火した御嶽山
(Alpsdake)

しかし、突然山頂近くから水蒸気爆発が発生、大量の高温の火山ガス、火山灰や火山弾が飛び出してきました。死者・行方不明者63名という戦後最悪の火山災害となりました。

●三宅島島民全員避難

2000年6月26日、東京都三宅島西部で火山性地震が観測され始めました。しかし、その後地震活動は低調になり、島民に出ていた避難指示は解除されました。しかし7月4日ころから山頂付近を震源とする火山性地震が起き始め、7月8日には島の雄山山頂付近から噴火が始まりました。次第に活発になり山頂付近にカルデラができ、8月には噴煙が8000mから1万4000mの高さにもなってきました。9月1日に全島避難が決定し、4000名の島民は島を離れ避難生活に入りました。その後も火山活動が続きましたが、2005年には小康状態になり、その年の2月に避難指示が解除されました。島民は5年にわたる島外での避難生活を余儀なくされました。

■ 噴煙を上げる三宅島雄山
(気象庁HP)

第4章 火山災害

● 有珠山大噴火

　2000年3月31日、北海道有珠山が大噴火を起こしました。前回からわずか23年目での噴火です。マグマと水蒸気による再噴火で噴煙は東に流され、高さ3500mに達しました。3日前から地震が多発し、噴火が予知されたため人命の被害はありませんでした。しかし噴火の規模は大きく、洞爺湖温泉街のすぐ背後の山には噴火口が50個以上もでき、降灰は虻田町(当時)、壮瞥町、大滝村、苫小牧市、千歳市などにも及びました。また住宅の被害は全壊69棟、半壊242棟、一部破損479棟になり、道路や橋などのインフラ、農業や林業なども大きな被害を受けました。

■ 2000年3月31日の有珠山大噴火 (『朝日新聞』2000年4月1日〔朝刊〕)

（朝日新聞社提供）

● インドネシアスマトラ島シナブン山噴火

　2010年8月9日に噴火するまで400年にわたって眠っていましたが、その後、毎年噴火を繰り返し、2013年11月の噴火では噴煙が5000mの高さにまで達しました。そして2014年2月1日の山頂ドームの崩壊による火砕流で住民16名が犠牲になりました。そして10月には有史以来の水蒸気爆発による大噴火を起こしました。

●過去にどのような火山噴火大被害があったか？

　気象庁によると、18世紀以降で死者の数が10名以上に上った火山災害は以下の火山です。なお、カッコ内の数字は死者の数です。

■ 18世紀以降に起きた大規模な火山災害

年月日	火山名(カッコ内の数字は死者数)
1721(享保6)年6月22日	浅間山(15名)
1741(寛保元)年8月29日	渡島大島(1467名)
1764(明和元)年7月	恵山(多数)
1779(安永8)年11月8日	桜島(150余名)「安永大噴火」
1781(天明元)年4月11日	桜島(15名)
1783(天明3)年8月5日	浅間山(1151名)
1785(天明5)年4月18日	青ヶ島(130～140名)、全島民327名の約4割
1792(寛政4)年5月21日	雲仙岳(約1万5000名)、「島原大変肥後迷惑」
1822(文政5)年3月23日	有珠山(103名)
1841(天保12)年5月23日	口永良部島(多数)、村落焼亡
1856(安政3)年9月25日	北海道駒ヶ岳(19～27名)
1888(明治21)年7月15日	磐梯山(461名)、村落埋没
1900(明治33)年7月17日	安達太良山(72名)
1902(明治35)年8月7～9日	伊豆鳥島(125名)、全島民死亡
1914(大正3)年1月12日	桜島(58～59名)、「大正大噴火」
1926(大正15)年5月24日	十勝岳(144名)、「大正泥流」
1940(昭和16)年7月12日	三宅島(11名)
1952(昭和27)年9月24日	ベヨネース列岩(31名)、海底噴火(明神礁)、観測船第5海洋丸遭難により全員死亡
1958(昭和33)年6月24日	阿蘇山(12名)
1991(平成3)年6月3日	雲仙岳(43名)
2014(平成26)年9月27日	御嶽山(63名)

(気象庁資料より作成)

戦後(1945年以降)10名以上の死者が出たのは離島を除くと阿蘇山、雲仙岳、御嶽山の3つの火山噴火です。死者が出なくても建造物などが被害を受けた火山噴火はこの他にも多数あります。前述の2000年の有珠山、2011年の新燃岳(鹿児島・宮崎県境)や現在も活動中の小笠原諸島の近くにある西ノ島新島もそのような例です。

■ 新しくできつつある西之島新島（2014年1月）

（気象庁HP）
その後も西之島新島は拡大を続けています

■ 近年活動が活発な桜島

（KimonBerlin）

■ 活動が9年ぶりに活発になった阿蘇山中岳(2015年1月)

また、日本以外の世界の火山を見ると、死者を伴う大噴火は毎年のようにどこかで起きています。最近20年間で死者を多く出した火山噴火は次のものです。

- 1994年　インドネシア　ムラピ山(死者60名以上)
- 1995年　フィリピン　パーカー火山(死者70名以上)
- 1997年　英領モントセラト　モントセラト島の火山(死者20名)
- 1999年　ペルー　アンデス地域の火山(5村が埋まる)
- 2002年　コンゴ民主共和国　ニラコンゴ山(死者70名)
- 2010年　インドネシアジャワ島　ムラピ山(死者350名)
- 2014年　インドネシアスマトラ島のシナブン山(死者16名) ※400年ぶり噴火

●火山活動の映像を見ることができるWebページ、DVD

　火山活動の動画を見ることができるWebページは多数あります。そのいくつかを紹介します。また火山の場合はライブカメラが設置されているところが多く、現在の活動状況も観察できます。

Webページ HP

これらのサイトでは、それぞれ以下の動画を見ることができます。
- 『朝日新聞』デジタル版（2014年9月27日）「御嶽山が7年ぶり噴火　気象庁「収束の判断難しい」」
  御嶽山噴火が見られます
- 『朝日新聞』デジタル版（2013年11月21日）「小笠原に島が誕生　直径200メートル、海底火山噴火で」
  西ノ島新島噴火が見られます
- YouTube「世界の火山」
  クラフト夫妻による世界の火山の溶岩流の映像が見られます
- ナショナルジオグラフィック日本版HP「アファールの絶景8　活火山エルタ・アレの溶岩湖」エルタ・アレ火山の溶岩湖が見られます
- YouTube「火山噴火の種類」
  さまざまな火山噴火の違いが見られます
- YouTube「雲仙普賢岳火砕流の発生状況（平成3年）」
  雲仙普賢岳の火砕流発生の様子が見られます
- YouTube「火山噴火の瞬間！　新燃岳「噴出す火山弾」霧島連山」
  霧島連山新燃岳の噴火が見られます
- ※YouTubeで「有珠山　噴火」で検索すると有珠山噴火の映像が見られます

DVD

- 『有珠火山2000年噴火映像集』（独法）産業技術総合研究所地質調査総合センター）
- 『日本の火山ハザードマップ集（第2版）』（独法）防災科学技術研究所）
- 『中学校理科　火山とその活動・火成岩』（日本コロンビア㈱）
- 『ナショナルジオグラフィック　火山！(1)(2)』（東宝東和㈱）
- 『スーパーボルケーノ』（㈱NHKエンタープライズ）

第4章　火山災害

2 火山の実験・体験・見学

●火山のでき方実験器による実験

　この実験器は火山地形のでき方を説明するときに使用します。溶岩の粘性の違いで火山地形が異なることなどが理解しやすくなっています。

●材料
・火山のでき方実験器
　（以下はセットの内容）
　・実験板 2 枚
　・注射筒 2 本
　・鉄製三脚
　・ほう砂
　・せんたくノリ
　・食紅
　・石膏
　・紙粘土 2 個
　・ゴムリング 4 個

■ 火山のでき方実験器

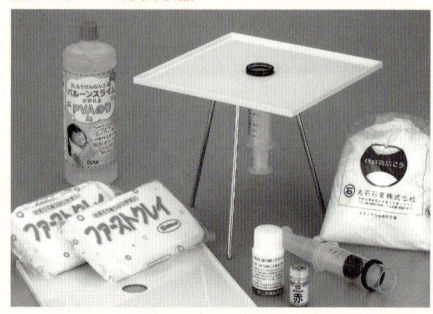

（ケニス株式会社）

実験と観察

　石膏で山を作り下から注射筒でスライムを押し出します。軟らかいスライムを注入した場合(左)と硬めのスライムを下から注入した場合(右)で上にできる火山地形が異なります。

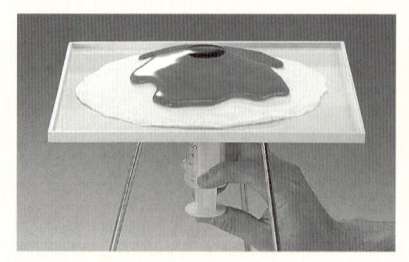

（ケニス株式会社）

● **簡単にできる火山実験**

　家にある材料で火山現象を再現する実験は「キッチン火山学」として研究の一分野にもなっているほど盛んです。身近な材料を使って火山の色々な現象を再現する試みです。インターネットで検索するといろいろな方法が紹介されています。ここでは以下の4つの例を紹介します。

○ **炭酸飲料による噴火の実験**

　サイダーやコーラなどの炭酸飲料にラムネ菓子を落とすと、すごい勢いで発泡が始まります。これが火山のなかで起きているマグマの発泡を再現しています。ふたにきりで穴をあけておき、穴を抑えて勢いよく炭酸飲料を振って穴を開放すると発泡して泡が噴き出します。

■ 炭酸飲料が勢いよく噴き出す

○ **ココアで作る火山爆発前兆地形**

　少し厚手の紙の上にココアを敷き、紙の裏から小さな穴をあけて、その穴からチューブの中に入った歯磨剤を下から押し出します。ココアの下から歯磨剤が注入されるので、その上のココアが盛り上がり、写真のような盛り上がりができます。これはマグマが上昇してきて地表面を押し上げ、地形が変化し始める火山噴火の前兆地形を再現しています。

■ ココアの下からチューブの磨き粉を押し出す

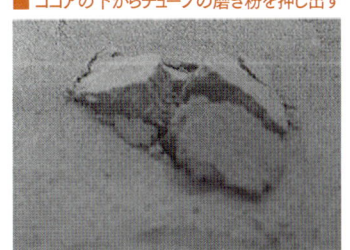

〈この実験の参考になる本〉
- 『世界一おいしい火山の本　チョコやココアで噴火実験』林信太郎（2006年、小峰書店）
　チョコやココアなどを使って台所の食材や身近にある材料で火山現象を再現して、火山を分かりやすく説明しています。

第4章　火山災害

○麩を使った火山灰の実験

　麩を細かく砕いて、火山の地形を模した容器の中に入れます。その模型火山の下から自転車の空気入れなどで空気を入れると、中の麩が一気に噴き出します。噴出した麩の大きさの分布を調べると、大きい物ほど火山に近いところに散らばっているのが分かります。周りに黒い色の紙を広げておくと麩の散らばり具合が分かりやすいでしょう。さらに噴火したときにうちわで仰ぐと、火山灰が上空の偏西風に流されて風下側に降灰する様子などを再現できます。右の写真は紙コップの底に小さな穴をあけて、周りに火山の絵を描き、その中に砕いた麩を入れてひっくり返して伏せたものです。それに下から折れ曲がるストローを使って、サッカーボールなどに空気を入れるエアーポンプで一気に空気を入れて、麩を穴から噴出させた写真です。

■ 麩が勢いよく噴き出す

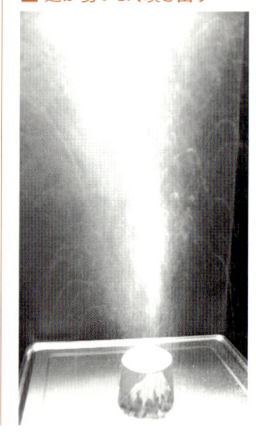

■ 溶岩のように流れるコンデンスミルク

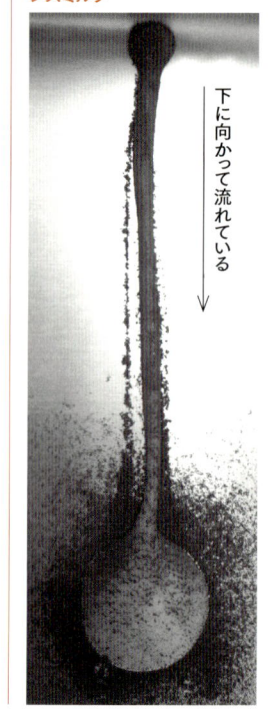

下に向かって流れている →

○コンデンスミルクを使った溶岩の流れ

　チューブに入ったコンデンスミルクをお皿に少し出し、その上にココアの粉末を振り掛けます。静かにお皿を傾けると、コンデンスミルクが流れ始めます。これが溶岩の流れで、表面のココアが固まった溶岩部分を表しています。流れの端には、少し盛り上がった堤防のようなものができます。この部分は溶岩堤防を表わしています。

〈この実験の参考になる本〉
『日本火山学会第18回公開講座テキスト　火山学者と火山を作ろう！　マグマのおもしろ実験教室in旭川』(2011年、日本火山学会)

●火山灰を調べる

　火山灰や火山灰を含む土壌を採取してきて水の中で細かく指で土をつぶし、上澄みの泥水だけを捨てます。この作業を数回繰り返すと上澄みの水がきれいになり、そこに砂粒のようなものが残ります。この粒は火山灰中に含まれる鉱物です。取り出して、乾燥後ルーペや実体双眼顕微鏡で観察します。

　鉱物は以下のような特徴で見分けることができます。黒い粒が多いときは、磁鉄鉱が多く含まれている可能性が高いので、その時は磁石で取り除いてほかの鉱物を観察するとよいでしょう。

■ 火山灰から鉱物を取り出す

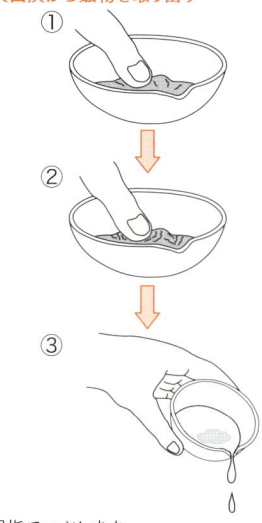

① 親指でつぶします
② すりつぶしながらかきまぜます
③ 水を7～8分目まで加え、よくかきまわし、鉱物粒子が沈殿してからにごり水の部分を静かに捨てます

■ 鉱物の見分け方

	石英	透明でガラス状で不規則な割れ口がある。
	長石類	白色で石英に似ているが割れ口が平面になっている。
	黒雲母	黒色で光沢があり、薄くはがれる。
	輝石	暗緑色で光沢があり、短柱状で八角形をしている。角閃石と似ているが、結晶の構造の違いで外形が短くなる。
	角閃石	黒色から暗緑色で光沢があり細い柱状で断面は六角形。

	かんらん石	薄い黄緑色～褐色で粒状。ガラス状をしている。
	磁鉄鉱	黒色粒状で金属光沢。正八面体の結晶をしているものがある。磁力がある。
	火山ガラス	透明でガラス状の破片で薄い板状で不規則な形をしている。
	火山岩片	鉱物が集まっている火山岩の破片。

第4章　火山災害

●火山についての資料館・見学・体験施設 HP

　ここでは、火山に関する資料を展示していたり、映像で火山を学ぶことができるようになっている施設を紹介します。なお、実際に見学などされる場合は、事前連絡が必要な施設もありますので、確認をしてください。

- ◉十勝岳火山砂防情報センター（北海道美瑛町）
  火山観測施設ではワイヤーセンサーや監視カメラを設置し、集中管理が行われています。一般向け展示施設は、住民のための避難施設にもなります。
- ◉浅間火山博物館（群馬県長野原町）
  1967年開設の、火山博物館では草分け的な存在です。
- ◉伊豆大島火山博物館（東京都大島町）
  世界にも数少ない火山専門の博物館です。三原山をはじめ世界の火山のことが展示解説されています。またシミュレーターカプセルによる地底探検などもでき、火山のことを学ぶことができます。
- ◉雲仙岳災害記念館（長崎県島原市）
  火山を学ぶ「火山体験ミュージアム」。大型のスクリーンで火砕流や土石流を疑似体験できます。
- ◉桜島国際火山砂防センター（鹿児島県鹿児島市）
  土石流や砂防についての展示があります。ほかにも桜島の過去の噴火のことなど火山についての展示もあります。火山監視や避難施設にもなっています。
- ◉桜島ビジターセンター（鹿児島県鹿児島市）
  ミニ火山博物館。桜島フェリー乗り場のすぐそばにあります。
- ◉阿蘇火山博物館（熊本県阿蘇市）
  火口にカメラが2台設置されていて火口の様子がリアルタイムで大型スクリーンに映し出されています。阿蘇火山の成り立ちなど、火山のことを学ぶことができます。

3 火山を学ぶ

● 活火山とは何か？

　以前使われていた死火山や休火山という言葉は、公式には使われなくなりました。そして火山予知連絡会は2003年に、活火山の定義として「概ね過去1万年以内に噴火した火山及び現在活発な噴気活動のある山」としました。定義に相当する火山は、2014年現在国内に110火山が存在します。さらに2009年に、この中から「火山防災のため監視・観測体制の充実等が必要な火山」が47選ばれています。

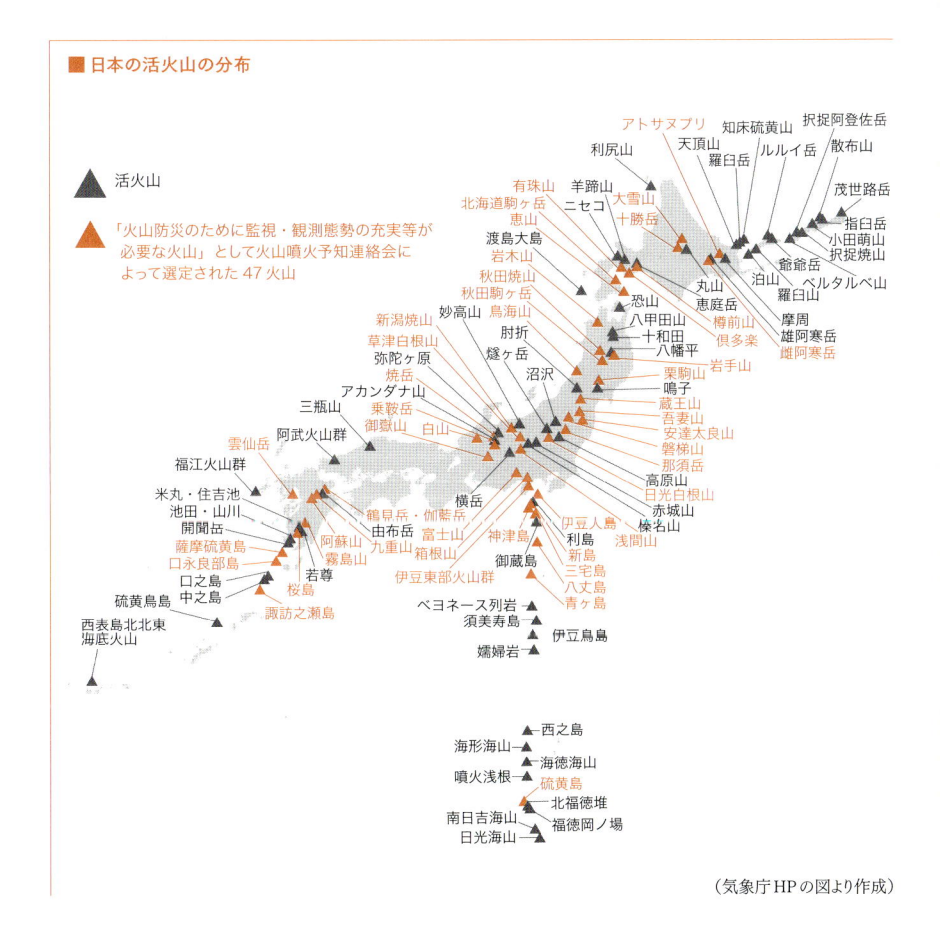

第4章　火山災害

■ 日本の活火山の分布

▲ 活火山

▲ 「火山防災のために監視・観測態勢の充実等が必要な火山」として火山噴火予知連絡会によって選定された47火山

（気象庁HPの図より作成）

● 日本になぜ火山が多い？

　日本にはこのように多くの火山があります。なぜ狭い国土に火山が多く分布しているのでしょうか。

　日本は下図(上)のように4つのプレートに囲まれています。ユーラシアプレートにフィリピン海プレートが沈み込んでいるほか、北アメリカプレートに太平洋プレートが沈み込んでいます。この2つの沈み込みの境界部分で、深さ約100km付近に下図(下)のようにマグマが発生します。日本はこのようなプレートの沈み込み帯にあるため、火山が多いことが分かります。

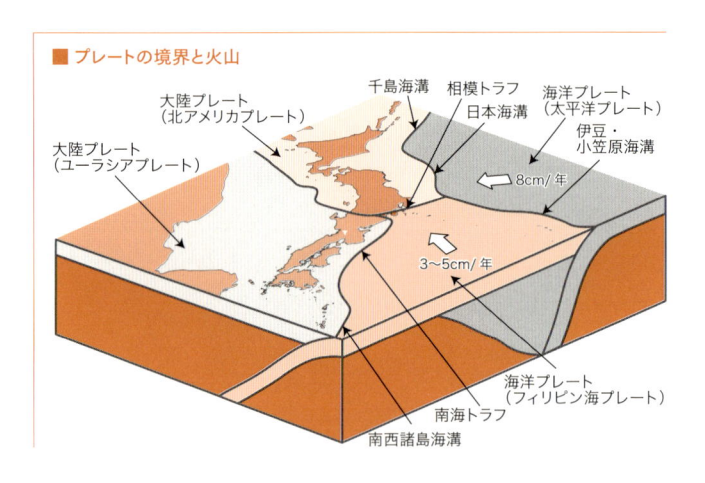

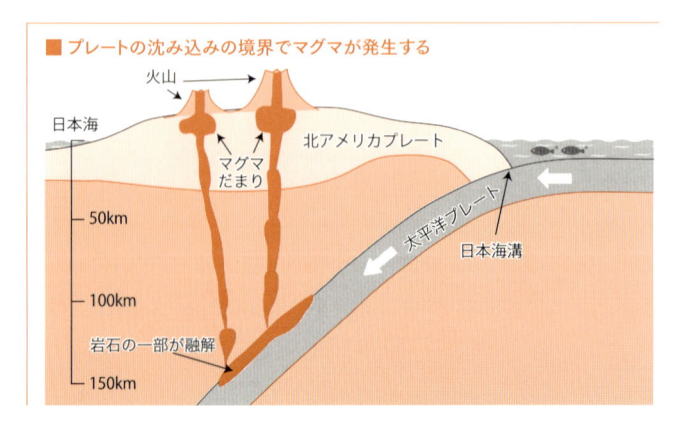

■ プレートの境界と火山

■ プレートの沈み込みの境界でマグマが発生する

●マグマがなぜ上昇してくるか？

それでは地下約100kmでできたマグマがなぜ上昇してくるのでしょうか。そしてなぜ地表付近で爆発するのでしょうか。

発生したマグマは液体であるため、周りの固体の岩石より軽くなり、上昇し始めます。地表近くまで上昇すると周りとのバランスが取れる位置で上昇が止まり、そこにマグマだまりができます。そこにとどまっている限りは噴火をしません。そのマグマだまりに何か作用しなければ爆発して地表に出ることはないのです。爆発を引き起こす作用には下のような例があります。

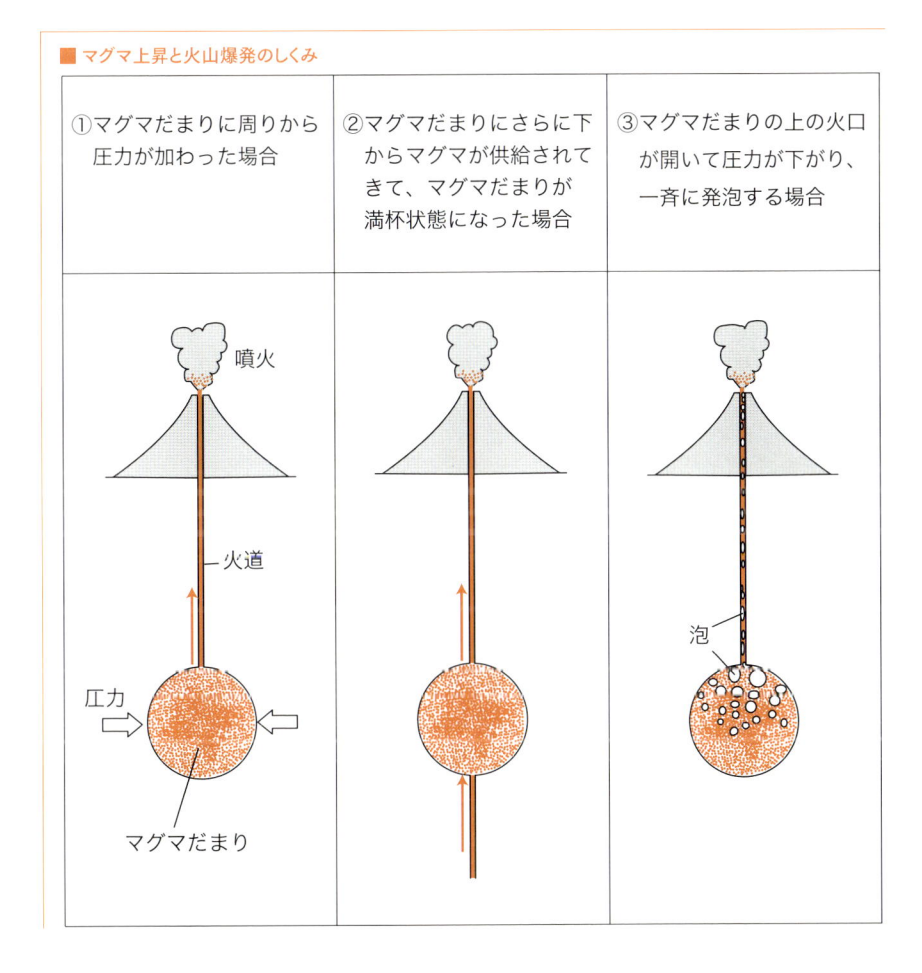

■ マグマ上昇と火山爆発のしくみ

①マグマだまりに周りから圧力が加わった場合	②マグマだまりにさらに下からマグマが供給されてきて、マグマだまりが満杯状態になった場合	③マグマだまりの上の火口が開いて圧力が下がり、一斉に発泡する場合
噴火／火道／圧力／マグマだまり		泡

● 火山はなぜ爆発するのでしょう？

火山の爆発には次の3つのタイプがあります。

■ 火山噴火の種類

①水蒸気爆発

マグマの熱が地下水の多い部分に接すると、地下水が沸騰し、その圧力で地表付近が吹き飛ばされる。
この場合、マグマそのものは爆発していない。

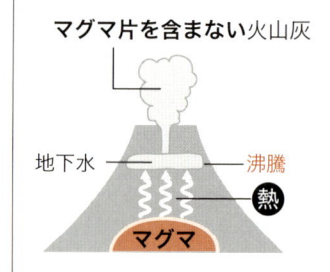

②マグマ水蒸気爆発

マグマが移動して地下水の多い部分に接すると、地下水が沸騰して爆発するとともに、水に接したマグマの一部も沸騰して噴出する。

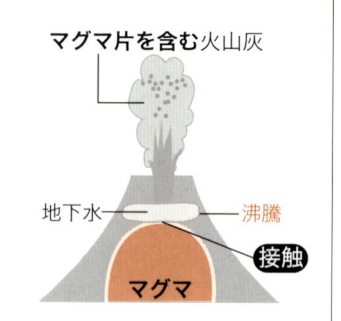

③マグマ爆発

マグマだまりの圧力低下でマグマが沸騰するなどして、マグマそのものが噴出爆発する。

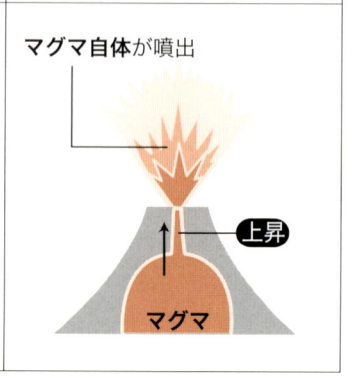

●火山爆発でどのようなものが噴出するか？

火山の爆発のときに噴出するのは以下の表のようなものがあります。

■ 火山噴火の噴出物

火山弾	
直径が65mm以上の火口から噴き出した溶岩。御嶽山の噴火でも飛んできた火山弾で多くの人が被災した。	
火山灰	
直径が2mm以下の噴出物。マグマが発砲すると破砕された細かな岩片になり、それが火山灰となる。大規模な噴火になると火山灰は遠く1000km以上離れたところにも堆積する。	
火砕流	
温度の高い火山ガス、火山灰や溶岩の岩片などが火口から高速で流れ出すものが火砕流である。雲仙普賢岳の火砕流では多くの犠牲者が出た。	
溶岩	
地下にあったマグマが火口から出てきたものが溶岩とよばれる。	

● なぜハワイの火山は爆発しない？

　火山には、ハワイの火山のように大爆発を起こすことなく溶岩が噴水のように噴出し流れていくタイプや、日本の多くの火山のように大爆発を起こす火山、大地が盛り上がるだけで爆発や溶岩の噴出もない火山などがあります。

　この違いの原因は、マグマの粘性によります。粘性の高い溶岩は粘り気の強いマグマ（流紋岩質マグマ）です。そのため地表までマグマが上昇してきても地表面が盛り上がるだけで終わります。その時地表にできる地形はドーム状になります。

　粘性が低いマグマ（玄武岩質マグマ）は地表に出ると川のように麓まで流れ下ります。そのためすそ野が広い火山地形(楯状)になります。これらの中間の粘性を持つマグマ（安山岩質マグマ）の火山は大爆発を起こし、大量の火山噴出物を火口周辺に降らせ、何度も噴火があるとその噴出物の堆積で成層火山地形ができます。

■ マグマの性質と火山の種類

粘性の大きなマグマ（流紋岩質マグマ）	粘性が中くらいのマグマ（安山岩質マグマ）	粘性が少ないマグマ（玄武岩質マグマ）
地表が盛り上がり、ドーム状火山ができる。	爆発的噴火を伴い、噴出物の堆積により成層火山ができる。	マグマが川のように流れ出る噴火ですそ野が広い盾状火山。
（例）昭和新山	（例）有珠山	（例）三原山

粘性の少ないマグマほど火山の斜面がなだらかになります

●火山はなぜ限られたところにしか存在しないのか？

地球上で火山活動が見られるところは、次の3つです。

①プレートの沈み込み帯

プレート同士が接しているところで、片方のプレートがもう片方のプレートに沈み込んでいる地域では、下図にあるように、地下のプレート境界付近でマグマが発生します。それが前述のように上昇し、火山となります。環太平洋火山帯や地中海火山帯などがその例です。

②プレートが誕生する海嶺

海嶺の地下ではマントルから温度の高い物質が上昇してきています。

そのため海嶺では多くの海底火山や熱水噴出孔が分布しています。アイスランドの一部の火山は、この海底火山が地表で見られる場所です。

③プレート上にある火山

プレートの上にある火山はホットスポットとよばれ、マントルの深い部分からマグマが上昇してきてプレートを突き抜けて噴出しています。

そのため、プレートが移動しても噴出孔は変わらず噴火ごとに島が次々連なってできます。ハワイ諸島がその例です。

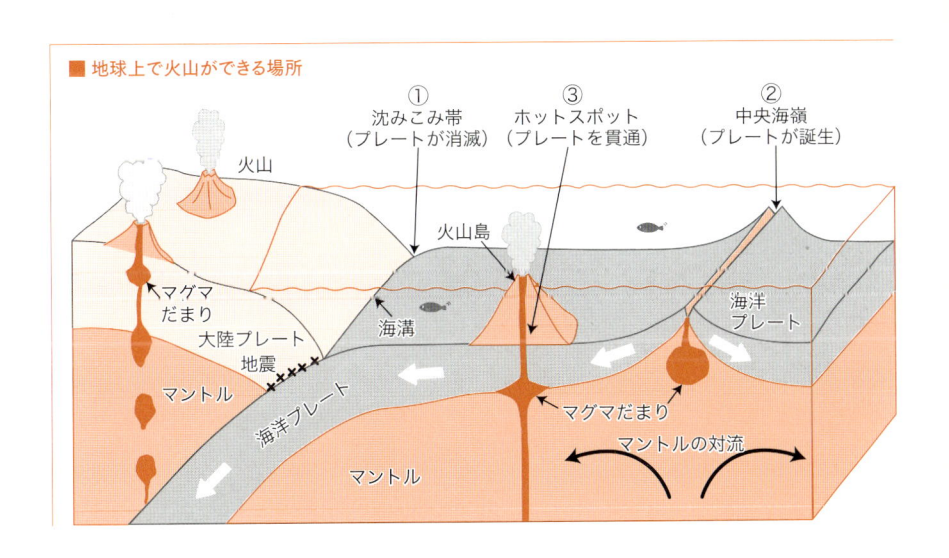

■地球上で火山ができる場所

● 液体のマグマがなぜ地下できるのか？

　マグマのような高温の流体が、いったいどのようにして地下深いところで生まれるのでしょうか。
　固体のマントルが溶ける条件は、次の3つです。

①その場所が何かの原因で温度が上昇する場合
　地下で温度が上がるような現象は、放射性物質から出る崩壊熱や地殻変動などでできる摩擦熱などが考えられます。
②その場所の圧力が低下した場合
　岩石を溶かす実験で温度と圧力を変化させると、同じ温度でも、圧力が下がると岩石が溶ける現象がみられます。
③その場所に水が加わった場合
　地下のマントルに海洋プレートが沈み込むとき、海水も含んで沈み込み、深さ約100～150km付近でその水がマントルの方にしみ出していきます。
　実際には、水は純粋な液体の状態ではなく、鉱物の中に含まれています。それが高い圧力になってくると絞り出されてきます。

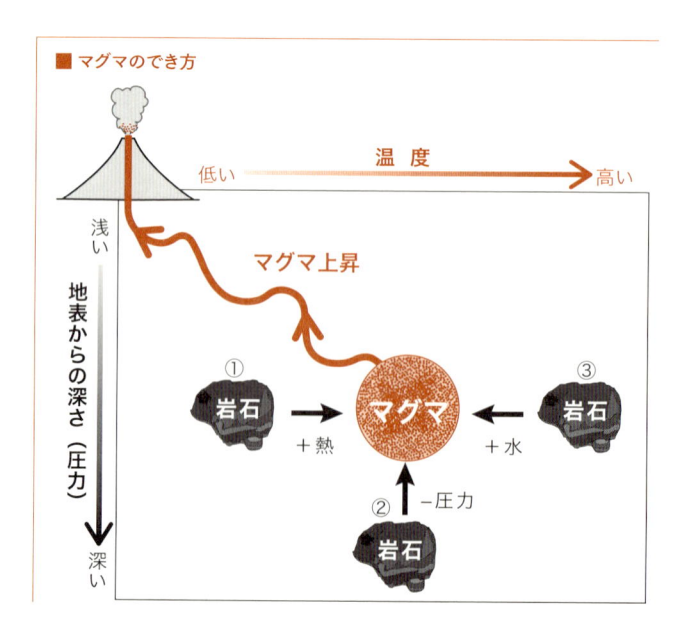

■ マグマのでき方

4 火山災害に備える

　日本列島は火山が多いため、これまでにも多くの火山災害が発生しています。このような災害を防ぐにはどのような手立てがあるでしょうか？

●火山ハザードマップ　HP

　火山を持つ自治体などでは、火山防災マップや火山ハザードマップが作成されています。独立行政法人防災技術研究所のHPでは、全国のハザードマップ一覧を見ることができます。

　火山災害の危険を事前にハザードマップで確認しておくことです。いざという時に行動しやすくなります。

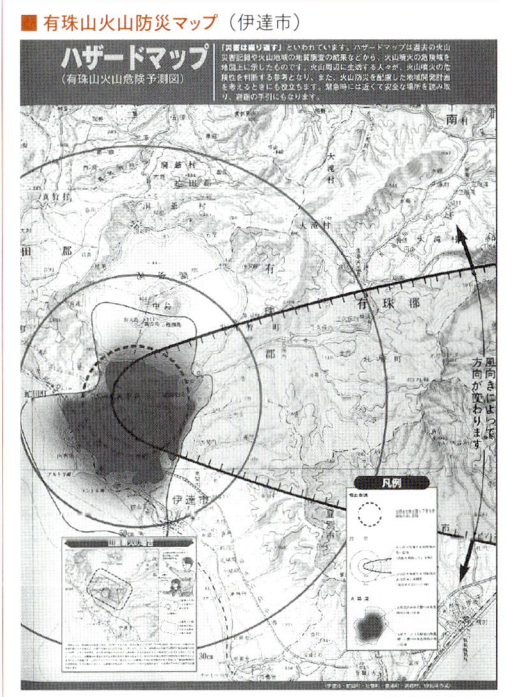

■ 有珠山火山防災マップ（伊達市）

（北海道伊達市）

有珠山の南東にある伊達市のほか有珠山の北西に当たる豊浦町もわかりやすい火山防災ハザードマップを作成公表しています

●火山災害にはどのようなものがあるか？
○火山灰・噴石

　火山が噴火すると、大量の火山灰や噴石が火口周辺と風下側に降ります。直径2mm以下は火山灰、2〜64mmは火山礫、64mm以上は火山岩塊といいます。そのうち紡錘形のものは火山弾と呼ばれています。一般的には火山灰以外の大きさのものは一括して、噴石と呼ばれています。

　2014年の御嶽山の噴火の時も噴石の直撃を受けて多くの方が被災しました。

○溶岩流

　火口から流動性のある溶岩が流れ出し、斜面を流れ下ります。その速さは溶岩の粘性と山の斜面の勾配で決まりますが、火砕流よりもはるかに遅いので、溶岩流による直接の人的被害は多くありません。しかし、麓の田畑に流れ下った場合は復元不可能になります。また建物に流れ込んで固結すると、修復できなくなります。

○火砕流

　火口から噴出し、高温の軽石、火山灰、火山ガス、水蒸気が混合流体となって山の斜面を駆け下ります。空気を多く含んでいて地面との摩擦が少ないため、速い場合は時速36kmになるほどの高速で斜面を下り、大災害になります。

○火砕サージ

　火砕流の周辺部分にある高温の気体を多く含む部分をいいます。熱雲ともいいます。火砕流本体よりも速度が速いため、大きな災害になります。1991年の雲仙普賢岳での多くの犠牲者は、この火砕サージが原因であるといわれています。

○山体崩壊

　火山爆発により火山本体の一部が吹き飛ばされて、山体が崩壊し岩砕なだれとなって流れ下ります。1888(明治21)年の福島県磐梯山は水蒸気爆発で山体崩壊を起こし、河川にせき止め湖を形成しました。また1921(大正10)年の雲仙普賢岳の爆発に伴って、近くにある眉山が山体崩壊し、海に流れ出して大きな津波が引き起こされ、対岸の町にも大きな被害をもたらしました。

○火山ガス

　火山ガスの大部分は水蒸気です。そのほかに二酸化炭素、二酸化硫黄、塩化水素などが発生し、吸い込むと死に至ります。

前述のように、2000年の三宅島の火山爆発に伴って噴出した火山ガスは、継続的に噴出が続いたため、全島民が5年にわたって島を離れることになりました。このように継続的にガスの噴出が続いたのは世界的にもまれです。

○火山泥流
　多量の降雨が続くことで山の斜面が崩壊した土石と、火山噴火に伴って斜面などに堆積した火山灰が大雨で泥水となったものとが、流れ下る現象をいいます。土石流は流下する途中で樹木や岩塊を巻き込んで流れ下るため、大きな被害を出します。

○火山性地震
　火山活動に伴って火山性地震が頻発することがあります。いわゆる地震と同じような被害が起きます。また地下でマグマが流動するなどして微動が観測されることもあります。これは火山性微動と呼ばれています。

○地表面の変形
　地下のマグマの活動によって地表面が変形することがあります。斜面の傾斜角度が変化したり、地割れが生じるなどして建造物が傾いたり、ひび割れたりすることがあります。

■ 火山災害の種類

山体崩壊は爆発とともに山の一部が崩壊します

● どのような設備で人的被害が抑制されるか？
○ 避難シェルター（退避壕や退避舎）

　万が一、火山噴火が起きた時に逃げ込めるシェルターが設置されている地域は多くありません。浅間山には3か所、阿蘇山には火口から1km付近に15か所設置されていて、約900人が避難することができます。このような設備はほとんど整備されていないため、今後多くの登山者が登頂するような活火山では必要になります。この設備によって、少なくとも噴石の被害からはまぬがれることができます。

■ 阿蘇山の火山退避壕

　消防庁は御嶽山の2014年9月の噴火に伴って「火山防災のために監視・観測体制の充実等が必要な火山（47火山）」（P97参照）における避難施設等の設置状況の実態調査を行い以下のような防災設備が設置状態であることを発表しました。これ以外の火山には、このような設備がないため、今後避難設備の設置が進められるでしょう。

■ 避難施設の設置状況

火山名	退避壕	退避舎	避難施設緊急整備地域
有珠山（北海道）	○	×	
草津白根山（群馬県・長野県）	○	×	
浅間山（群馬県・長野県）	○	×	
新潟焼山（新潟県・長野県）	○	×	
伊豆大島（東京都）	○	○	○
三宅島（東京都）	×	○	○
阿蘇山（熊本県）	○	×	○
雲仙岳（長崎県）	○	○	○
霧島山（宮崎県・鹿児島県）	○	×	○
桜島（鹿児島県）	○	○	○
口永良部島（鹿児島県）	○	×	
諏訪之瀬島（鹿児島県）	○	×	

○防災無線や拡声器の設置の活用

　突然の噴火や有毒ガスの発生を知らせるための緊急防災無線の整備も必要です。有毒ガスの場合はシェルターがあっても効果がないため早く退避することが求められます。それには素早い情報提供が有効です。防災無線や携帯電話への緊急情報の提供のほか、緊急呼びかけのための山頂に向けた拡声器の設置なども必要です。

　2014年の御嶽山の噴火により、全国の火山のある地域では設置が増えていくと思われます。

● どのような対策で火山周辺住民の被害が抑制できるか？

　火山災害は大規模な自然災害であるため、個人でできる対策は、できるだけ活発に活動中の火山には近づかないことや、やむを得ず突然噴火した場合は避難シェルターに逃げることです。ここでは市町村がとるべき対策についていくつか紹介します。

○噴火予測情報

　規模の大きな噴火の場合は前兆現象がみられる場合があります。火山観測のデータからこのような現象が観測できた場合は、気象庁と噴火予知連絡会が噴火予測を発表し、警戒警報を出します。これにより事前に避難が可能になります。

○ハザードマップの整備

　事前にハザードマップを作成し被害予測を策定しておくと、噴火が起きた場合に対処がしやすいでしょう。

○土石流防止設備

　土石流対策としては導流堤（土石流の流れの方向を変える堤防）、遊砂地（流れてきた土石流をいったんためられる場所）、河道改修、砂防ダムの設置などを行うことで、火山災害に対処できます。

●気象庁の火山監視システムと情報伝達システム

　火山性の微動や地震、地形の変形や噴煙・爆発の有無などの観測データは気象庁に集められます。気象庁と火山噴火予知連絡会で噴火予測の判断を行います。

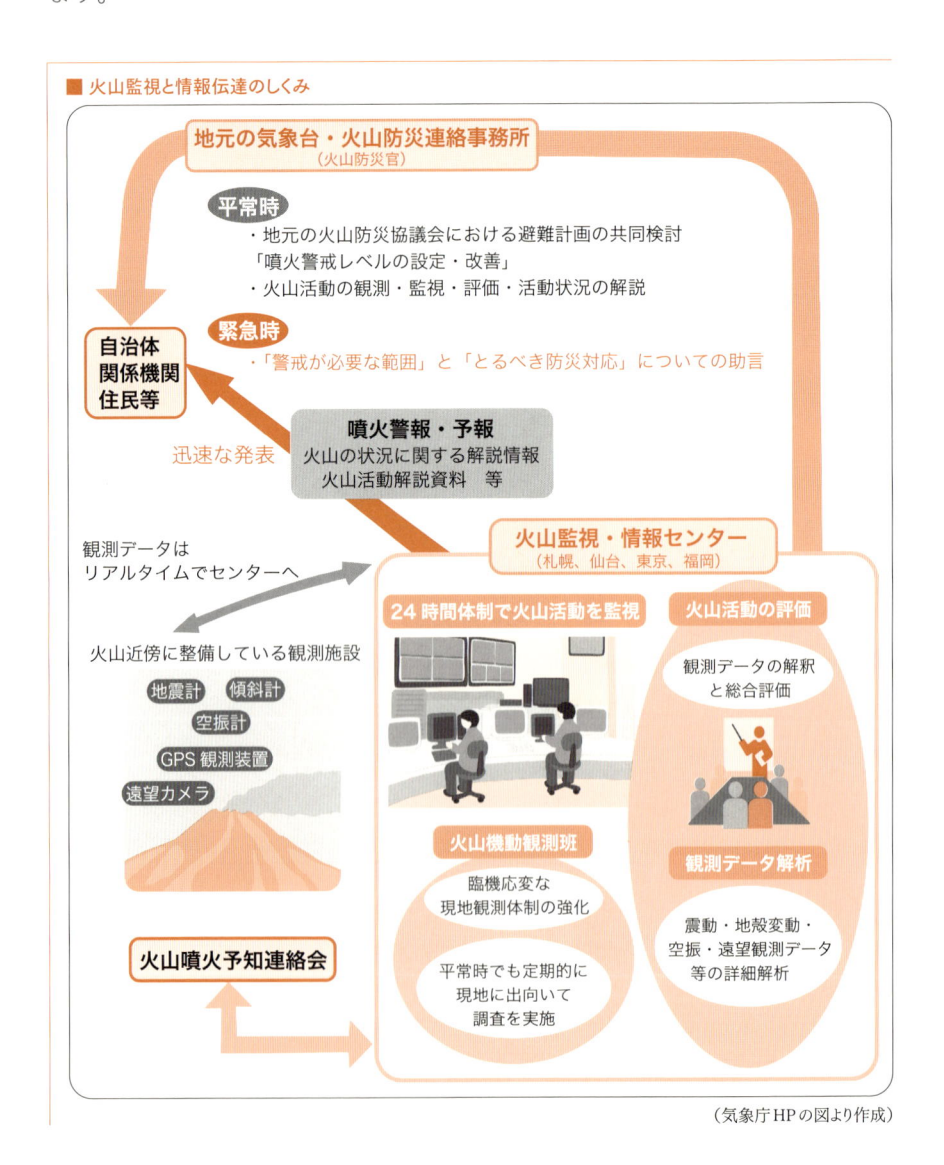

■ 火山監視と情報伝達のしくみ

地元の気象台・火山防災連絡事務所（火山防災官）

平常時
・地元の火山防災協議会における避難計画の共同検討「噴火警戒レベルの設定・改善」
・火山活動の観測・監視・評価・活動状況の解説

緊急時
・「警戒が必要な範囲」と「とるべき防災対応」についての助言

**自治体
関係機関
住民等**

迅速な発表

噴火警報・予報
火山の状況に関する解説情報
火山活動解説資料　等

観測データはリアルタイムでセンターへ

火山近傍に整備している観測施設
- 地震計
- 傾斜計
- 空振計
- GPS観測装置
- 遠望カメラ

火山監視・情報センター
（札幌、仙台、東京、福岡）

24時間体制で火山活動を監視

火山活動の評価
観測データの解釈と総合評価

火山機動観測班
臨機応変な現地観測体制の強化
平常時でも定期的に現地に出向いて調査を実施

観測データ解析
震動・地殻変動・空振・遠望観測データ等の詳細解析

火山噴火予知連絡会

（気象庁HPの図より作成）

●火山噴火警報はどのようにして出されるか？

　気象庁では下図に示したように、噴火警報を自治体や住民に出しています。「警戒が必要な範囲」が火口周辺に限られている場合は、警戒範囲がかかっている自治体へ警報情報を発信します。

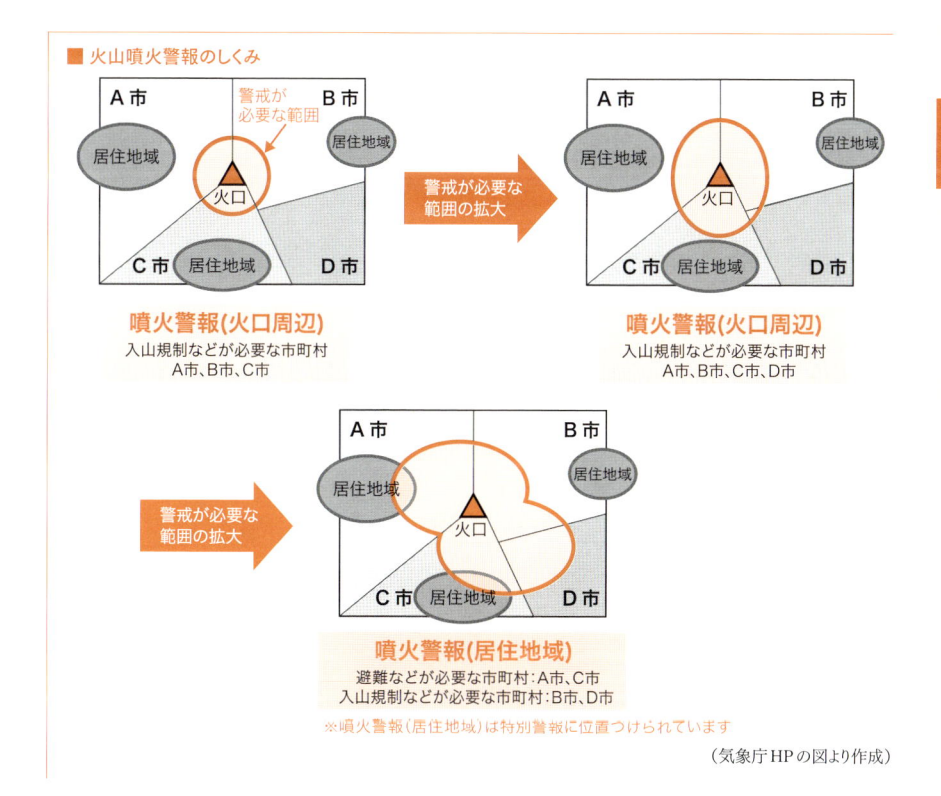

■ 火山噴火警報のしくみ

噴火警報(火口周辺)
入山規制などが必要な市町村
A市、B市、C市

→ 警戒が必要な範囲の拡大 →

噴火警報(火口周辺)
入山規制などが必要な市町村
A市、B市、C市、D市

→ 警戒が必要な範囲の拡大 →

噴火警報(居住地域)
避難などが必要な市町村：A市、C市
入山規制などが必要な市町村：B市、D市

※噴火警報(居住地域)は特別警報に位置づけられています

(気象庁HPの図より作成)

●噴火警報にはどのような段階があるか？

　噴火予報→噴火警報→特別警報の順に危険度が高くなり、次ページの表のように決められています。

　噴火警報レベルが運用されている火山の場合は、レベル１〜５まで５段階に分けられています。噴火警報レベルが運用されていない火山の場合、言葉でその危険性を伝えています。

■ 噴火警報レベルが運用されている火山の場合

種別	名称	対象範囲	レベル（キーワード）	火山活動の状況
特別警報	噴火警報（居住地域）又は噴火警報	居住地域及びそれより火口側	レベル5（避難）	居住地域に重大な被害を及ぼす噴火が発生、あるいは切迫している状態と予想される。
			レベル4（避難準備）	居住地域に重大な被害を及ぼす噴火が発生する可能性が高まってきていると予想される。
警報	噴火警報（火口周辺）又は火口周辺警報	火口から居住地域近くまでの広い範囲の火口周辺	レベル3（入山規制）	居住地域の近くまで重大な影響を及ぼす（この範囲に入った場合には生命に危険が及ぶ）噴火が発生、あるいは発生すると予想される。
		火口から少し離れた所までの火口周辺	レベル2（火口周辺規制）	火口周辺に影響を及ぼす（この範囲に入った場合には生命に危険が及ぶ）噴火が発生、あるいは発生すると予想される。
予報	噴火予報	火口内等	レベル1（平常）	火山活動は静穏。火山活動の状態によって、火口内で火山灰の噴出等が見られる（この範囲に入った場合には生命に危険が及ぶ）。

■ 噴火警報レベルが運用されていない火山の場合

種別	名称	対象範囲	警戒事項等（キーワード）	火山活動の状況
特別警報	噴火警報（居住地域）又は噴火警報	居住地域及びそれより火口側	居住地域及びそれより火口側の範囲における厳重な警戒 **居住地域厳重警戒**	居住地域に重大な被害を及ぼす噴火が発生、あるいは切迫している状態と予想される。
警報	噴火警報（火口周辺）又は火口周辺警報	火口から居住地域近くまでの広い範囲の火口周辺	火口から居住地域近くまでの広い範囲の火口周辺における警戒 **入山危険**	居住地域の近くまで重大な影響を及ぼす（この範囲に入った場合には生命に危険が及ぶ）噴火が発生、あるいは発生すると予想される。
		火口から少し離れた所までの火口周辺	火口から少し離れた所までの火口周辺における警戒 **火口周辺危険**	火口周辺に影響を及ぼす（この範囲に入った場合には生命に危険が及ぶ）噴火が発生、あるいは発生すると予想される。
予報	噴火予報	火口内等	**平常**	火山活動は静穏。火山活動の状態によって、火口内で火山灰の噴出等が見られる（この範囲に入った場合には生命に危険が及ぶ）。

（気象庁HPの図より作成）

●子どもへの啓もうの例

　津波の章のP56～57で述べたと同様に子供への火山防災についてもパンフレットを作成しました。2004年の大規模なスマトラ沖地震以降インドネシアでは火山活動が活発になっています。そこで以下のような、津波パンフと同様な子ども用の火山防災パンフを作成しました。現地大学教員と協力してインドネシアバリ島にある火山博物館においていただいたり、小学校などにも配布しています。

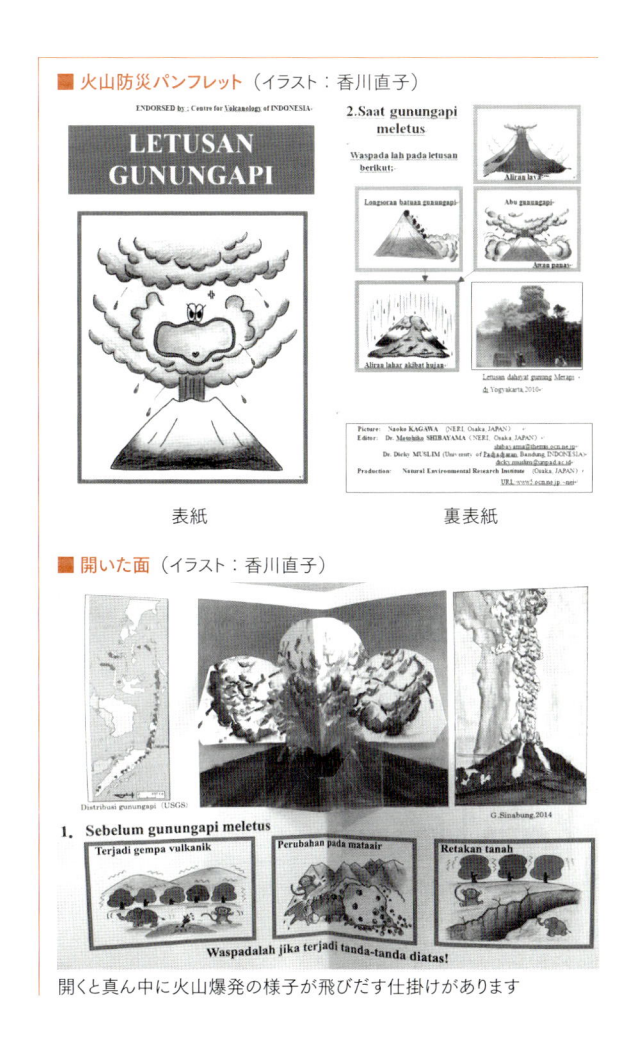

■ 火山防災パンフレット（イラスト：香川直子）

表紙　　　　　　　　　　裏表紙

■ 開いた面（イラスト：香川直子）

開くと真ん中に火山爆発の様子が飛びだす仕掛けがあります

第4章　火山災害

コラム　人工衛星を利用した火山観測技術

　火山が活動を始めると地表面に何らかの変化を起こすことがあります。そのわずかな変化を精密にとらえることができれば噴火予知につながる可能性があります。国土地理院では人工衛星を用いて全国に1200か所あるGPSの地殻変動観測地点を利用して火山地形のわずかな変化をとらえる試みを行っています。

　現在では技術が飛躍的に進み、地殻の変動をミリメートル単位でとらえることが可能になりました。そのため下図のような噴火の前兆現象を地形の変化でとらえることができます。

■火山観測技術

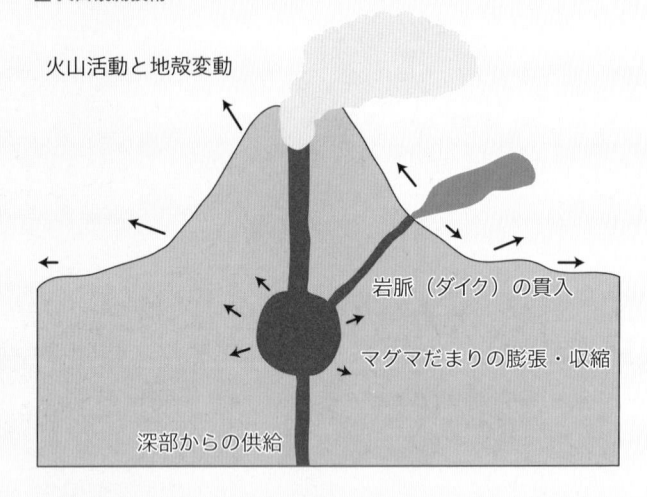

火山活動と地殻変動

岩脈（ダイク）の貫入
マグマだまりの膨張・収縮
深部からの供給

　2015年現在ではこのような測定を3時間に1回の割合で行うことができるので、急な変動に対応できます。将来、1秒に1回の割合で測定が可能になると、ほぼリアルタイムで地表面の変化を把握でき、火山噴火予知の大きな武器となるでしょう。

第 5 章

風災害
（台風・竜巻など）

2014年 8 月10日の竜巻による被害

1 竜巻は怖い！

　急に外が暗くなってきて窓ガラスがガタガタ激しく音を立て始めました。

　雷もゴロゴロ鳴りだしました。驚いて外を見てみると、向こうの方に黒い渦巻が空から地面の方に伸びて、周りのものを吹き飛ばしていました。

　パチパチ火花が出ているのは電線からでしょう。竜巻だ！

　ゾッとしましたが、左から右へ移動しているのを見ているうちに10分間くらいで消えていきました。

　竜巻が通過したと思われるところに行ってみると、木がなぎ倒され、コンクリートの電柱が何本も根元から折れていました。

　屋根が吹き飛んでしまった家や傾いてしまった家など、あらゆるものが破壊され飛び散って、騒然とした町になっていました。

■ 2013年9月2日の竜巻（埼玉県越谷市）

（『朝日新聞』2013年9月3日〔朝刊〕）

　これは2013年9月2日に起きた埼玉県越谷市での竜巻の様子です。翌日の新聞が報じたこの竜巻の記事の見出しからも、その被害の大きさがよく分かります。

　次ページの写真は2014年8月10日の11時30分ごろに栃木県鹿沼市付近で起きた竜巻の様子です。被害が出た範囲は幅600m、距離15kmで、負傷者2名、半壊家屋6軒を数えました。

　ほかにもコンクリート製電柱が折れ、ビニールハウスの倒壊、倒木、枝折れなども起きました。

一口メモ　竜が雲に頭を突っ込んで尻尾を振りまわしていると想像したことから、竜巻と名づけられました。

■ 2014年8月10日の竜巻による被害（栃木県鹿沼市）

屋根が飛ばされた家と根元から折れた電柱

（気象庁HP）

● 日本でこれまで起きた大きな竜巻は？

　1980年以降でF3（竜巻の強度レベルについてはP133の「改良藤田スケール」を参照）の竜巻は4件あります。F4以上はありません。F3の中で 最近一番多くの死者を出したのは2006年11月7日北海道佐呂間町で発生した竜巻で、死者9名、負傷者31名でした。

　また1999年9月に愛知県豊橋市で発生した竜巻は、F3で全壊住宅40件、半壊309件、負傷者415名になりました。

■ 倒壊した家屋（北海道佐呂間町）　　■ 仰向けになった車（北海道佐呂間町）

（財団法人消防科学総合センター）　　　　（財団法人消防科学総合センター）

第5章　風災害（台風・竜巻など）

● 世界で最も大きな竜巻は？

　直径が一番大きい竜巻は2004年5月にアメリカのネブラスカ州ハラムで発生した直径4kmの竜巻です。

　また、2011年5月にアメリカのミズーリ、イリノイ、インディアナ州の3州にまたがって352km移動した竜巻は、F5級で風速139m/秒。住宅、トラック、乗用車や列車までもを吹き飛ばし、死者695人に及びました。

　1989年4月26日バングラディシュで発生した竜巻による死者は1300人に及びました。その後もバングラディシュでは、1996年5月13日に約700名、2004年4月14日に約100名の死者を出し、2013年3月22日にも死者36人を出すなど、竜巻が多発しています。

2 台風や低気圧の風も怖い！

　日本には毎年台風がやってきます。近年その被害も大きくなっているように思われます。台風の被害は風よりも、雨に伴う洪水や土砂災害の方が大きくなります。これらの災害については他の章をご覧いただき、この章では風に限って話を進めることにします。

　また、台風以外にも強風が吹くことがあります。春先に発生する春一番という強風をもたらす低気圧です。それぞれの最近の被害を見てみましょう。

● 2011年台風15号の強風

　最近の台風で、風による被害が出た例は2011年の台風15号です。この台風は2011年9月13日にマリアナ諸島の北で発生しました。沖縄近海を通過して紀伊半島沖を通り、21日静岡県浜松市付近に上陸しました。上陸時は950hPaで、これは戦後の最低気圧の記録となりました。最盛期は最低気圧が940hPaまで下がり、最大風速は45mになっていました。

　この台風が通過した21日、神奈川県の相模川の橋の上では、トラック7台、乗用車1台の合計8台が強風のため横転しました。川崎市の港では貨物船2隻が浅瀬に乗り上げたほか、横浜市では強風にあおられ1名が転倒して死亡しています。

● 1978（昭和53）年春一番の地下鉄横転

　春一番は、冬から春に季節が変わる時期に最初に吹く南風で、日本海に発達した低気圧が通過すると、その低気圧に向かって南からの風が日本列島各地に吹きます。この南風は強風になることが多く、突風で飛ばされたり、飛んできたものに当たったり、強風で強く閉まったドアに手を挟んだりするなど人的被害が多く出ます。また鉄橋を通過中の電車が横転したこともあります。

■ 春一番による電車の横転（『朝日新聞』1978年3月1日〔朝刊〕）

（朝日新聞社提供）

1978年2月28日、春一番による強い突風で営団地下鉄東西線の電車が荒川鉄橋上で横転しました

右のグラフは東京消防庁が、2006年1月から2010年12月までの4年間に強風や突風によってけがをした人を救急搬送した数です。2月から4月の3か月間が圧倒的に多く、全体の約52％を占めています。この時期に春一番などの強風が吹くからです。

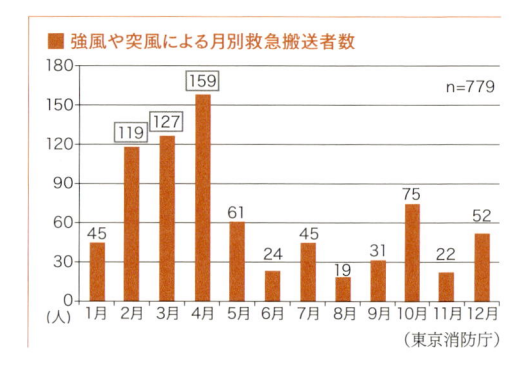

■ 強風や突風による月別救急搬送者数 n=779

月	1月	2月	3月	4月	5月	6月	7月	8月	9月	10月	11月	12月
人数	45	119	127	159	61	24	45	19	31	75	22	52

（東京消防庁）

● 国内の最大瞬間風速の記録

これまでに観測された国内の最大瞬間風速のうち、10位まではいずれも7月から9月までに起きています。この時期の強風といえば、台風であることが分かります。富士山をのぞけば、観測史上最大の風速は、沖縄県宮古島の85.3m/秒です。

■ 国内の最大瞬間風速

順位	地点	風速m/秒	風向	記録日	種類
1	静岡県 富士山	91.0	南南西	1966(昭和41)年9月25日	台風
2	沖縄県 宮古島	85.3	北東	1966(昭和41)年9月5日	台風
3	高知県 室戸岬	84.5	西南西	1961(昭和36)年9月16日	台風
4	鹿児島県 名瀬	78.9	東南東	1970(昭和45)年8月13日	台風
5	沖縄県 那覇	73.6	南	1956(昭和31)年9月8日	台風
6	愛媛県 宇和島	72.3	西	1964(昭和39)年9月25日	台風
7	沖縄県 与那国島	70.2	×	1994(平成6)年8月7日	台風
8	沖縄県 石垣島	70.2	南東	1977(昭和52)年7月31日	台風
9	沖縄県 西表島	69.9	北東	2006(平成18)年9月16日	台風
10	徳島県 剣山	69.0	南南東	1970(昭和45)年8月21日	強風

（気象庁資料より作成）

一口メモ　台風は東経180度より西の太平洋で発生したものをいいます。東経180度より西で発生して、それより東に進むとハリケーンと呼ばれます。

●風の様子が分かるWebページ、台風や竜巻のDVD

リアルタイムの気象状況をインターネットで見ることができます。また、DVDでは過去の台風や竜巻の威力が分かります。

Webページ 🏠HP

これらのサイトでは、それぞれ以下の動画を見ることができます。

- ◉ 気象庁HP
  - 上空の風の様子
  - アメダス各地点の風向風速（時間ごとに分かり、過去のデータの動画もある）
  - リアルタイムの風の状況
- ◉ 日本気象協会HP「観測」内「アメダス実況（風向・風速）」
  - アメダスの風向風速データを矢印で示しています。
- ◉ デジタル台風HP「リアルタイムアメダス風向・風速マップ」（国立情報学研究所の北本朝展氏作成）
- ※ リアルタイムのアメダス風向・風速マップは気象関連の色々な民間気象会社が風速風向の表示を分かりやすく図化しています。その元データは気象庁のアメダスなどのデータです。

DVD

- ◉『ディスカバリーチャンネル　災害警報　竜巻』（㈱KADOKAWA）
  多くの竜巻の映像を見ることができます。宙に舞いあがるトラックなど衝撃の映像があります。竜巻の仕組みも解説しています。
- ◉『急な大雨・雷・竜巻から身を守ろう！』（気象庁）
  最寄りの気象台で貸出しされています。
- ◉『ナショナルジオグラフィックプレミアムセレクションDVD〔2-2〕　猛威をふるう自然現象　火山・地震・竜巻』（クリエイティヴ・コア㈱）
  「これは危ない！（被害編）」（6分）と「これなら安全（解説編）」（12分）があります。また指導案や追加資料映像も用意されています。
- ◉『昭和34年　伊勢湾台風』（社）中部地域づくり協会）

第5章　風災害（台風・竜巻など）

3 強風実験・体験・見学

◎竜巻発生実験器

竜巻を発生する仕組みが学べます。底の部分から霧を筒に空いた穴から空気を出すことで風を発生させ、上昇気流用のファンと風向きを調整して竜巻を発生させる仕組みです。関連実験もできます。

■ 竜巻発生実験器
（直径360×高さ610mm）

（ケニス株式会社）

●簡単に作れる竜巻モデル

●ペットボトルで作る竜巻

実験と観察

❶ 片方のペットボトルに3分の2ほど水を入れ、写真のようにペットボトルをアタッチメントで接続します。

❷ 水が入っている方を上にして、ボトルを軽く回転させると、水が渦を巻いて落ちていきます。

このとき、上のペットボトルにできる渦が竜巻を表しています。渦の様子をみて、実際の竜巻と比較して考えてみましょう。

このように少し回転を与えるだけで、狭い範囲を急激に落下する下降流と、下にあるペットボトルの空気が上に上昇する力で、上の水が渦巻いて落ちていく様子が分かります。竜巻は、上空の寒気と地上付近の暖気に大きな温度差が生じ、重たい寒気が下降流となることで発生します。

●材料
・1リットルの透明な円筒状のペットボトル×2
・接続するアタッチメント（市販されています。ない場合は間に5円硬貨を挟み、ガムテープで写真のように水を入れて接続してください）

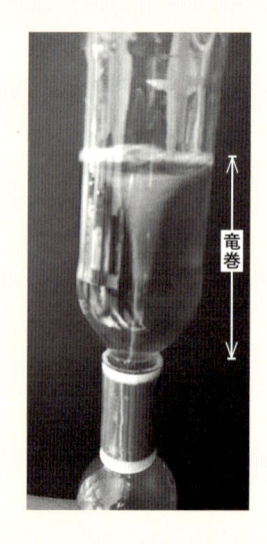

●コップの中の竜巻

実験と観察

●材料
・コップ（円筒状のものがよいでしょう）
・ラップ　・輪ゴム　・洗剤（少量）　・水

❶ コップの中に水を5分の4ほど入れ、台所洗剤を1滴たらします。
❷ コップの上に蓋をするようにラップで覆ってゴムバンドでしっかり止めます。
❸ コップを持って回すと、中の水が回転して渦巻きができます。この時できる渦の様子が、竜巻を表しています。渦の一番下では上に吸い上げるような力が働いています。

　コップを速く回すと渦はどのようになるか観察してみましょう。竜巻もこのように高速で空気が回転してできていることが分かります。

●台風の大きさモデル

　台風の背の高さはおおよそ対流圏の高さ約10kmと同じです。大型台風で直径1200kmくらいです。これと直径120mm、厚さ1mmのCDと比較してみましょう。

実験と観察

●材料
・いらなくなったCD　・油性ペン

❶ 台風の直径1200kmをCDの直径120mmに対比させます。
❷ この台風の高さ（厚み）10kmは直径と同じ比率にすると1mm、つまりCDの厚みと同じになります。

　このことから、直径1200kmの大型台風は直径と厚みの比率を同じに縮小すると、CDのサイズになります。

　ちなみに1600km以上は超大型と言われます。
❸ CDの表面に油性マジックで台風の渦巻き雲を描いてみましょう。実際の台風もCDのように、直径に対して雲の厚さは薄いことが分かります。

■ 宇宙船から見た超巨大台風の2013年台風30号

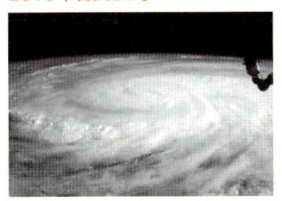

（NASA/ISS/Karen Nyberg）

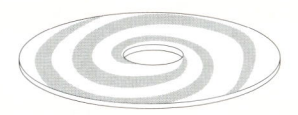

第5章　風災害（台風・竜巻など）

● 強風体験ができる施設 　HP

　全国の防災センターのうち強風体験ができる施設を紹介します。これらの施設では風速20〜30m/秒の強風を直接体験できます。なお、実際に見学などされる場合は、事前連絡が必要な施設もありますので、確認をしてください。

- 栃木県防災館(栃木県宇都宮市)
- 埼玉県防災学習センター(埼玉県鴻巣市)
- 千葉県西部防災センター(千葉県松戸市)
- 本所都民防災教育センター　本所防災館(東京都墨田区)
- 神奈川県総合防災センター(神奈川県厚木市)
- 福井市防災センター(福井県福井市)
- 京都市市民防災センター(京都府京都市)
- 奈良市防災センター(奈良県奈良市)
- 富田林市防災センター(大阪府富田林市)
- 徳島県立防災センター(徳島県北島町)
- 三観広域防災センター(香川県観音寺市)
- 福岡市民防災センター(福岡県福岡市)
- 田川地区消防本部　防災コーナー(福岡県田川市)
- 久留米市消防防災センター(福岡県久留米市)
- 福岡県春日市防災センター(福岡県春日市)
- 熊本市広域防災センター(熊本県熊本市)

■ 奈良市防災センターの中にある強風体験

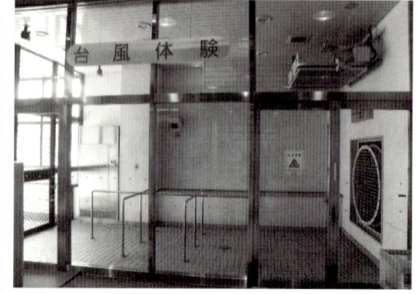

風速20m/秒までの強風を体験できます

コラム 藤田哲也博士

竜巻の強度を示すフジタスケールを生み出したシカゴ大学教授。1920（大正9）年福岡県に生まれました。東京大学で博士号を取得してシカゴ大学の研究員として招かれ、1965年同大学の教授となります。1971年竜巻研究の結果「Fujita-Pearson Tornado Scale (F-Scale)」を考案し発表。以後アメリカではこのスケールでハリケーン強度を発表するようになりました。日本でも竜巻にこのスケールが使われています。

また藤田博士は航空機の空港周辺での墜落事故の調査から、ダウンバーストと呼ばれる急激下降気流（P136）が原因であることを突き止め、ドップラーレーダー（P143）を使うことでそれを予報できることを示しました。現在多くの空港でこの観測装置が置かれ航空機の安全な着陸に寄与しています。1998年78歳で亡くなりました。

■ 藤田哲也博士

コラム 野分

清少納言が書いた『枕草子』では、台風のような強い風を「野分」と表現しています。秋にこの風が吹いた次の日は、「大変趣があって面白い」と言い、「垣根などが乱れた様子」、「庭の植え込みが荒らされてしまった様子」、「大木が倒れたり枝が折れた様子」や「窓格子の枠に葉っぱなどが挟まった様子」など強風後の被害の様子を興味深く描写しています。

この当時は台風という言葉はなく、「野分」が台風やそのほかの強風にも使われていました。

第5章 風災害（台風・竜巻など）

一口メモ／風速20m/秒の風は時速に直すと72kmとなり、高速道路を自動車が走っている時と同じくらいの速さになります。

4 強風を学ぶ

●風とは何か？

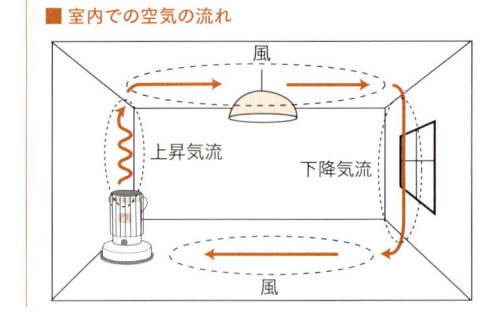

　空気が水平方向に動いたものを風といいます。また垂直方向に動いたものは気流といいます。それではどうして空気が水平方向に動くのでしょうか。

　部屋の中で暖房器具をつけると、暖かくなった空気は軽くなり、上に昇っていきます。一方上にあった冷たい空気は降りてきます。このような部屋の中での空気の動きは対流と呼ばれます。室内を昇る空気は上昇気流、下に降りてくる空気は下降気流です。この時、部屋の床付近や天井付近で水平方向に流れる空気ができます。これが風です。

　上昇気流ができている床付近は周りより気圧が低くなっています。また下降気流が降りてくる床付近は周りよりも気圧が高くなっています。つまり、風は気圧が高い方から低い方に流れているといえます。

●地球表面ではこのような温度差はどこにあるか？

　地球は球体であるため、太陽光の熱を受ける面が緯度によって異なります。太陽の光を垂直な面で受けることができる赤道周辺の地域は地表の温度が高くなります。両極に近づくにつれて太陽光線との角度が水平に近くなっていくため、太陽からの受けるエネルギーは弱くなり、赤道と極とに大きな温度差ができています。もしこのままだと赤道がどんどん暑くなり、極

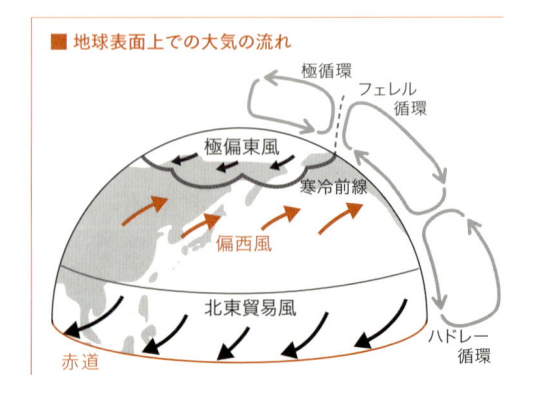

ではどんどん寒くなります。しかし地球はそれぞれの地域で一定の温度を保っています。それは温度差が大きくならないように、熱が多いところから少ないところに移動するからです。熱の運び屋の1つが、対流などの大気の大循環です。赤道付近の北東貿易風、中緯度付近の偏西風、高緯度の極偏東風といった風が、熱エネルギーを低緯度側から高緯度側に運び、温度差を解消しようとしています。

もう1つ熱を低緯度側から高緯度側へ運んでいるのが台風やハリケーンなどです。

●台風とは何か？

熱帯で発生した低気圧で中心付近の風速が17m/秒を超えたものを台風といいます。赤道より少し北の太平洋海域では水温が25度以上あり、その上の空気は熱せられ、上昇気流ができやすくなっています。またこの海域は北東貿易風と、南半球で吹いている南東貿易風とがぶつかる、赤道収束帯といわれ、大気に渦ができやすい地域でもあります。上昇気流とこの渦によって、台風の卵ができます。これが熱帯性低気圧です。

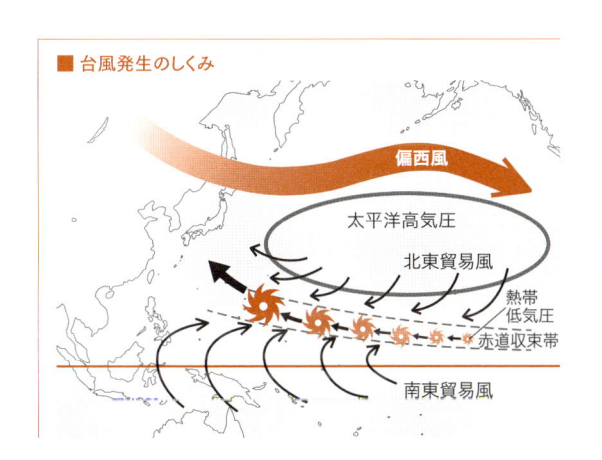

■ 台風発生のしくみ

●台風の進路はどのようにして決まるか？

熱帯低気圧は暖かい海面からさらにエネルギーをもらって発達し、台風へと成長します。できた台風は北東貿易風で西へ流されるとともに、その北にある太平洋高気圧から吹き出す時計回りの風に乗って、北西方向に向きを変え、日本の方にやってきます。

その時どのようなコースをたどるかは、太平洋高気圧の日本への張り出し方で決まってきます。日本を広く覆っているときは、台風は中国の方に向かい

ますが、少し東に退くと、ちょうど日本付近を台風が通過するようなコースになります。また秋も深まり太平洋高気圧がさらに東へ退くと、台風は太平洋岸の沖の方へと通過していきます。さらに偏西風がどのように日本付近を流れているかも台風のコースに影響を与えます。日本の上空付近を偏西風が流れていると、日本付近まで来た台風は一気に偏西風の流れに乗って、日本付近を通過していきます。しかし偏西風の位置が日本の北の方にあると、それに乗ることができず、日本付近に長くとどまることになり、被害を拡大させます。どちらかというと夏台風にこの傾向が多く見られます。

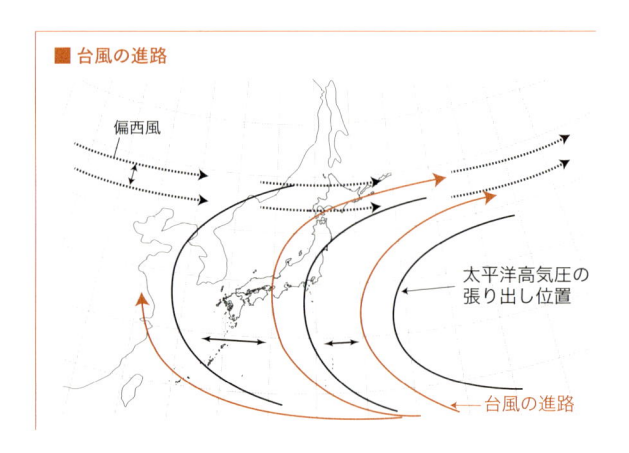

■ 台風の進路

■ 夏台風(左)と秋台風(右)の進路の違い

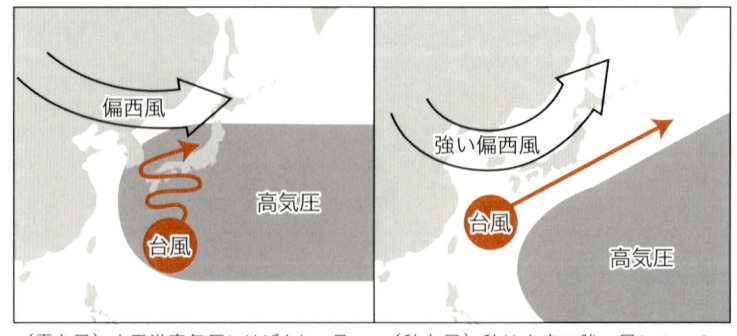

(夏台風) 太平洋高気圧にはばまれ、日本全土に近づくことは少なく、方向が定まりません

(秋台風) 秋は上空の強い風にのって、速いスピードで進みます。秋雨前線と重なると大雨になります

● 台風の大きさと強さとは何か？

気象庁では、10分間の平均風速が15m/秒以上でその範囲の直径が1000〜1600kmまでのものを「大型台風」と呼びます。それ以上のものは「超大型台風」です。

強さは3段階に分かれています。最大風速が33〜44m/秒は「強い台風」、44〜54m/秒は「非常に強い台風」、54m/秒以上は「猛烈な台風」と呼ばれています。

台風情報ではこの2つを組み合わせて、「大型で強い台風」などの表現が使われます。

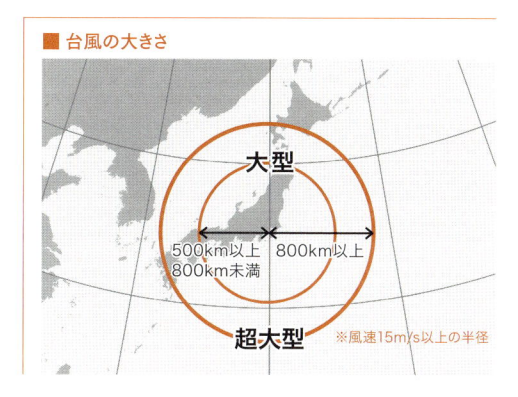

■ 台風の大きさ

大型　500km以上800km未満
超大型　800km以上
※風速15m/s以上の半径

● 台風の右半分は左半分より風が強い

台風は反時計回りの強い風が吹いています。そのため、進行方向の右半分は、台風が進む方向の力と風の方向が同じになり、2つの力が合わさってより強い風になります（進行方向の力＋風の力）。一方、進行方向の左側では風の方向と進行方向が逆になるため風が弱まります（進行方向の力−風の力）。そのため右半分は危険半円、左半分は可航半円と呼びます。自分が今いる場所がこれからやってくる台風のどちら側になるかで、備えも変わります。

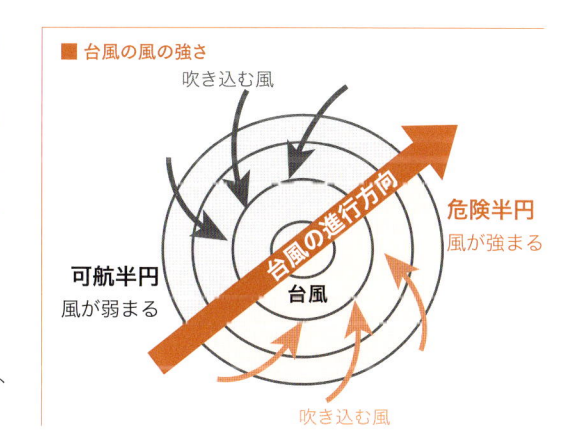

■ 台風の風の強さ

吹き込む風
台風の進行方向
危険半円　風が強まる
可航半円　風が弱まる
台風
吹き込む風

第5章　風災害（台風・竜巻など）

●台風は生まれてから消滅までの一生がある

台風には発生期、発達期、最盛期、衰弱期といった一生があります。

■ 台風の一生

①発生期（熱帯低気圧から台風に）

②発達期（中心気圧が下がり強くなります）

③最盛期（中心気圧が最も下がり風速も強くなります。日本付近で徐々に弱くなります）

④衰弱期（日本付近海面の温度が高くないので徐々に衰え、温帯低気圧に変わります）

（気象庁）

●台風の上陸数は多くなっている？

台風は毎年やってきます。最近は上陸する割合が高いようにも思います。実際にはどうでしょうか。これまでの資料を調べてみると、以下のようなグラフになります。

これは2013年までのデータです。2014年は11月末現在で発生数は19個、上陸数は4個です。グラフを見ると、台風の発生数は1995年ごろから次第に少なくなっているように見えます。また上陸数も、1990年ごろから下り坂の傾向が見られます。

■ 台風の上陸回数

しかし、数は少なくなっても上陸する台風が大型化しているともいわれています。また、報道の仕方の変化も印象に影響を与えていると思われます。

● 台風の中はどのようになっているか？

台風の下層では、反時計回りの風が中心へ向かって吹き込んでいます。そして台風の眼の周囲を取り囲むように強い風が上昇し、上面では時計回りに風が吹き出しています。

眼の周りにはアイウォールと呼ばれる雲の壁ができていて、その下では強い雨風となっています。

眼の中心付近では下降気流が起きているため雲がなく、風も穏やかです。

台風の眼が小さくはっきりしているほど強い風力の台風で、眼が崩れてなくなってくると風も弱くなります。

■ 台風の断面図

台風の眼の周りに反時計回りの渦を巻く強い上昇気流が発達し、大きな積乱雲ができます。その下は強い雨風になっています。

第5章 風災害（台風・竜巻など）

―口メモ　2004年は台風の異常年で10個も上陸しています。平年の上陸数は4個ですから異常なのが分かります。被害も多く出ました。

●竜巻はどのようにしてできるか？

　台風はたくさんの積乱雲が集まってできています。一方、竜巻は1つの積乱雲で発生します。しかし風速は台風よりはるかに大きいです。竜巻は1つの積乱雲からできる激しい上昇気流による強い渦巻で、漏斗状や柱状の雲を伴います。

　積乱雲の雲底が漏斗状になり、地表に向かって垂れ下がっていきます。上空の寒気の下降と、地上付近の暖気の急激な回転を伴った上昇気流で地表付近のものを吸い上げます。また被害は、幅数m〜数百mで長さ数kmという、細長く非常に狭い範囲に集中します。

■ 竜巻のでき方

①周りから空気が集まり回転しながら上昇気流となります
②周りからの空気の集まり方が激しくなると、回転半径が小さくなり、回転速度が速くなって上昇します
③その回転が非常に速くなると竜巻になります

　日本にやってくる台風のうち約4割で竜巻が発生しています。台風は積乱雲の集まりであるためです。いくつかあるうちの積乱雲中のどれか1つで竜巻が発生します。しかし、どの積乱雲で竜巻が発生するかはまだよく分かっていません。しかし、P129で述べた危険半円の中で中心から100〜600kmの間にある積乱雲で発生しやすい傾向があります。また、この中の積乱雲で回転の渦を持つ積乱雲（スーパーセル）から生まれることまでは分かっています。

●竜巻の強さは6段階

　竜巻の強度はシカゴ大学名誉教授であった藤田哲也氏(P125参照)が作成した藤田スケール(F0〜F5)が使われてきました。日本でも現在このスケールが使われています。しかし改良した方がいい部分もあるため、アメリカやカナダでは改良した藤田スケールを採用しています。改良フジタスケールでは、被害度の定量的な認定が可能である、評価する建物の種類ごとに細かく規定されていること、風速と被害がよく対応している、などの特徴があります。

■ 改良藤田スケール

改良藤田スケール

藤田スケール（日本、フランス、ドイツ、イタリア、オーストラリアなどが採用）	風速範囲(m/s)	改良藤田スケール（アメリカ、カナダ が採用）	風速範囲(m/s)（3秒間の平均風速）※現在の気象庁の瞬間風速の定義と同じ
F0	17–32（約15秒間の平均風速）	EF0	29–38
F1	33–49（約10秒間の平均風速）	EF1	39–49
F2	50–69（約7秒間の平均風速）	EF2	50–60
F3	70–92（約5秒間の平均風速）	EF3	61–74
F4	93–116（約4秒間の平均風速）	EF4	75–89
F5	117–141（約3秒間の平均風速）	EF5	90以上

（気象庁HPの図より作成）

　気象庁によるとそれぞれのレベルの被害は以下のようになります。
- F0　軽微な被害。小枝が折れる。根の浅い木は根こそぎ倒れる。
- F1　中程度の被害。屋根瓦が飛び、窓ガラスが割れる。自動車が横滑りする。
- F2　大被害。屋根が剥ぎ取られ、自動車が吹き飛ばされる。列車が脱線する。
- F3　住居が倒壊。鉄骨住宅でも倒壊。列車が横転。大木でも折れる。
- F4　住宅がバラバラになって飛散。列車や自動車が吹き飛ばされる。
- F5　住宅は跡形もなく吹き飛ばされる。自動車、列車が吹き飛ばされて遠くで落下する。

● 竜巻はどこで起きるか？

　気象庁が発表している過去50年間の全国の竜巻分布図（下図）を見ると、北海道から沖縄までほぼ全国的に分布しています。また東北・北海道では日本海側の海岸線付近に多く見られます。関東平野や濃尾平野などにも集中している傾向がみられます。しかし、これまでにもいろいろな条件の場所で起きているため、どこで起きやすいかという特定は難しいといわれています。

■ 竜巻分布図

竜巻分布図（全国：1961-2013年）

（2014年気象庁作成の資料より作成）
海岸付近や関東平野や濃尾平野などの広い平坦面があるところで発生しやすい傾向があります

● 竜巻の渦はどちら回りか？

　竜巻の回転半径は極めて小さいため、低気圧や台風のように地球の自転の影響を受けません。そのため、低気圧や台風は北半球では反時計回りの回転の渦巻となりますが、竜巻の場合は、反時計回りも時計回りも存在します。

● そのほかの強風にはどのようなものがあるか？
○ 春一番とメイストーム

　冬の北東からの季節風が終わり、春に変わる時に最初に吹く南風を春一番といいます。正確には立春（2月4日頃）から春分（3月21日頃）の期間に「風向が東南東から西南西の風で、風速が8ｍ/秒以上で気温が上昇する現象」と定義されています。

　春一番の影響で、日本海を通過する発達した低気圧に向かって強い南寄りの風が吹き込むため、春雷や竜巻を発生させ、全国的に大嵐になることがあります。

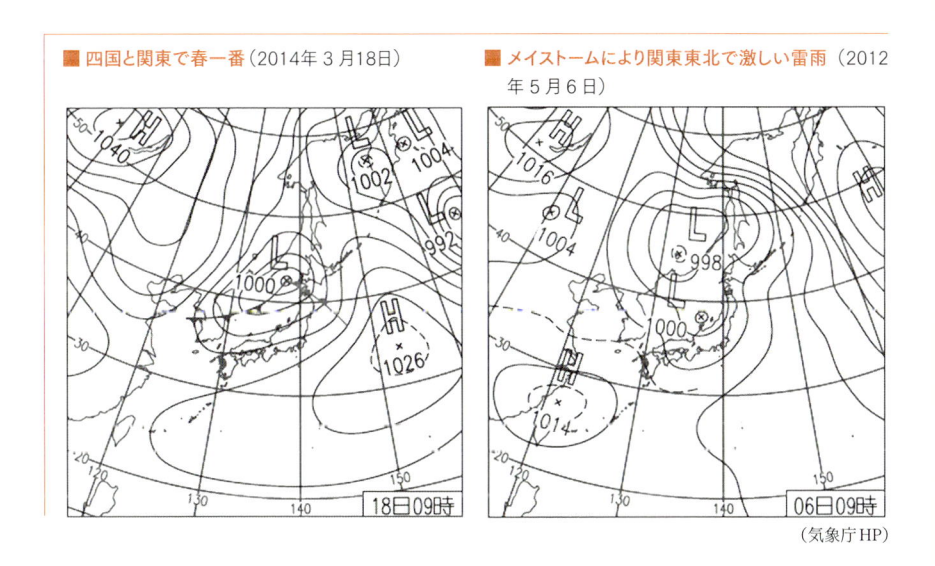

■ 四国と関東で春一番（2014年3月18日）　　■ メイストームにより関東東北で激しい雷雨（2012年5月6日）

（気象庁HP）

5月の連休に登山や海のレジャーで時折遭難事故が起きることがあります。これをメイストームと呼びます。日本海に進んできた低気圧が急激に発達して台風のような暴風をもたらすことが原因です。これを爆弾低気圧と呼んでいます。

○ダウンバーストとガストフロント
　ダウンバーストは、竜巻と同じような仕組みでできます。積乱雲の雲底から地表に向かって吹き出す寒冷な強風です。竜巻は回転しているので、地表にある木などはバラバラの方向に倒れます。ダウンバーストは竜巻のように回転していないので、地表にあるものはこの風で同じ方向に倒れてしまいます。
　空港周辺での航空機事故がこの風による場合もあります。
　ガストフロントは、積乱雲の下にできた冷たい空気の塊がその重みで下へ流れ出す現象です。竜巻やダウンバーストより広い範囲に被害が及びます。

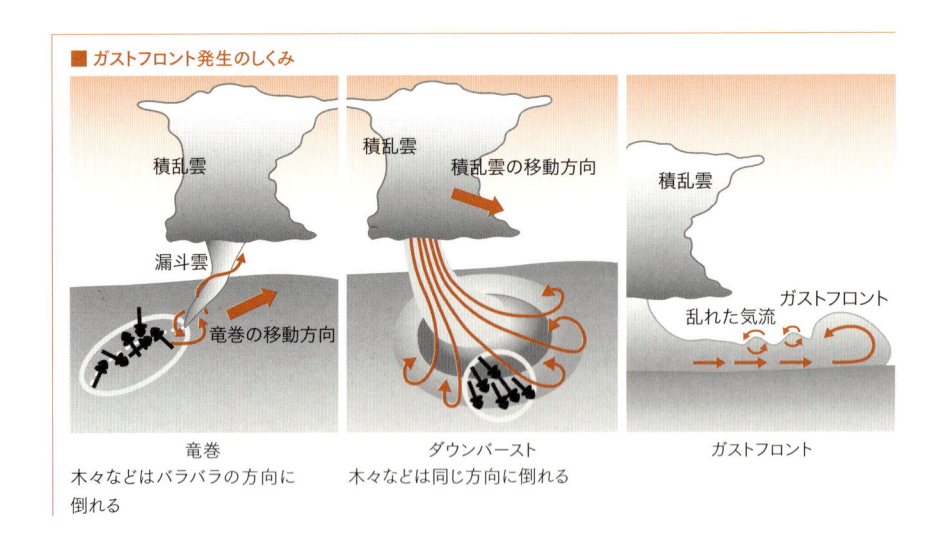

■ガストフロント発生のしくみ

竜巻
木々などはバラバラの方向に倒れる

ダウンバースト
木々などは同じ方向に倒れる

ガストフロント

一口メモ　竜巻の発生数は日本では年約20個であるが、アメリカでは約800個も発生しています。

コラム　映画になった竜巻

　アメリカでは竜巻を題材にした映画が数多く作られています。年間800個も竜巻が発生し、被害も大きいため人々の関心が高いことによります。その中からいくつか紹介をします。

・『オズの魔法使い』1939年
　この物語は1900年発行の児童文学です。いく度となく映画化された中で1939年版が特に有名です。ドロシーが愛犬トトとともにカンザス州の農場から竜巻に乗って魔法の国へ行くというストーリー。ドロシーを演じた子役はこの年のアカデミー賞の特別賞を受賞しました。

・『ツイスター』1996年
　アメリカでは竜巻を「トルネード」と呼びます。また、ねじれる様子から「ツイスター」とも呼びます。この映画では竜巻研究者達が競い合って竜巻の中に観測器具を投入し、竜巻の内部構造を明らかにしようと努力している様子が描かれています。CGで作られた竜巻がすごい迫力で迫ってきて、竜巻の恐ろしさを実感できます。主役はアカデミー女優のヘレン・ハントが好演しています。

・『デイ・アフター・トゥモロー』2004年
　地球温暖化に伴って、気候が不安定になり氷河期が訪れるという物語。最新のVFXで作られた竜巻や津波が登場します。

・『イントゥー・ザ・ストーム』2014年
　ストームハンターというプロの竜巻撮影隊と、アマチュアで冒険動画をYouTubeに投稿している兄弟、そして卒業式間際の高校生や教員らの3つの物語からなります。最新のVFXによる竜巻が見物です。

第5章　風災害（台風・竜巻など）

5 風災害に備える

台風と、竜巻などの突発的な災害と分けて説明します。

❶ 台風に備える
●警報を知る
強風に関する警報は気象庁により次のように定められています。

- 強風注意報　強風により災害が発生するおそれがあると予想したときに発表される。
- 暴風警報　暴風により重大な災害が発生するおそれがあると予想したときに発表される。
- 暴風特別警報　数十年に一度の強さの台風や同程度の温帯低気圧により暴風が吹くと予想される場合に発表される。

このような注意報や警報の情報を常に確認して、早めの対応することが必要です。気象庁のHPでは、現在発令されている注意報や警報を市町村単位で表示しているほか、テレビやラジオなどでも放送されています。

●天気図や気象衛星の画像を読む
　台風は天気図上では、円形のせまい間隔で引かれた同心円状の等圧線で描かれており、大変分かりやすくなっています。また同心円の数が多いほど、強い台風であるといえます。気象庁では、観測に基づいた実況天気図を3時間おきに作成しています。また、24時間予想天気図と48時間予想天気図は6時間おきに作成されています。これらは気象庁のHPで見ることができます。
　気象衛星「ひまわり」の画像も台風の位置を知ることに役立ちます。衛星画像では白い渦巻の雲の塊として表れていますし、最盛期の台風の場合はその中心に目が見られます。衛星画像は30分おきに更新されているため、台風の動きを知るのに役立ちます。P130のように、台風には一生があり、その形から、いまどの段階にあるかが分かります。

■ 2006年8月8日9時の天気図　　■ 天気図と同日同時刻の衛星画像

（気象庁HP）　　　　　　　　　　　　　　　　　　　（気象庁HP）

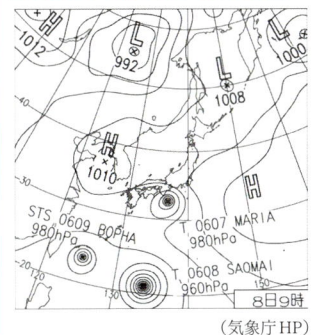

太平洋沖から日本列島にかけて3つ　　渦巻の雲が台風です
の台風が発生しています

● 予報を見る

　気象庁の台風情報を見ると、実況（現在の位置など）と3日先までの予報を見ることができます。実況とは現在の位置と進行方向とその速度、中心気圧、最大風速、最大瞬間風速、暴風域、強風域を示しています。

　予報は24時間後の台風の中心位置を予報円（白線）で示しています。この円のどこかに台風の中心が位置すると予測しています。実線は暴風警戒域を示しています。

　日本列島に近づくにつれ、上陸の可能性がある場合は1時間おきに予報が出されます。これらの情報も気象庁のHPや民間気象会社のHPでも見ることができます。また、テレビやラジオでもこれと同じ情報が流されます。

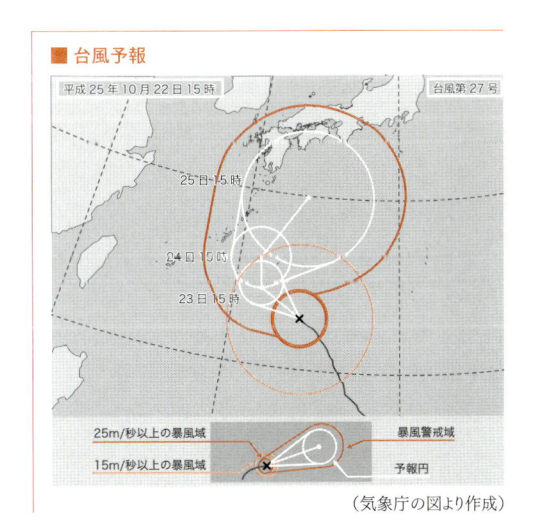

■ 台風予報

（気象庁の図より作成）

第5章　風災害（台風・竜巻など）

──一口メモ── 気象衛星による観測は1977年に「ひまわり」1号から始まり、現在7号が運用中で、2014年10月に打ち上げられた8号は2015年から運用予定です。

139

● 準備をする
　気象庁では台風に備え、個人、学校、自治体に対して次のような準備をすることを呼びかけています。

○ 個人
・家の外の備え
　窓や雨戸はしっかり閉めて鍵をかけ、弱くなっている部分は補強をしておきます。風で飛ばされそうなものは固定するか家の中に入れます。ガラス窓には飛散防止フィルムを貼り、カーテンやブラインドをします。
・家の中の備え
　非常用品(携帯ラジオ、懐中電灯、救急薬品、衣料品、貴重品、携帯コンロなど)をそろえます。
・避難所とそこへ行く経路の確認　家族で確認しておきます。
・非常持ち出し物の確認
　リュックなどに入れて避難の時は両手をあけます。内容物については巻末の「避難時マニュアル」(P173)を参考にしてください。

○ 学校
・事前に準備できること
　生徒の安全確保のため、台風情報の各段階で、どのような対処をするかをあらかじめ決めておくことが必要です。前日に休校を決める場合、当日の朝になって休校を決める場合、午前中で授業を終えて帰す場合などに分けて、生徒への連絡方法を確認しておきます。
　校内に強風で飛散するようなものがないかを見て回るとともに、窓が全部しまっているかなども確認する必要があります。
・台風情報の収集
　台風が近づいてきたら、新しい台風情報を常に得るようにし、素早い対応がとれるようにします。
・生徒の安全確保
　生徒を登校させた方がよいか自宅待機させたほうがよいかは事前の取り決めで対応します。この場合は警報が出ているかどうかが判断の基準になります。

例）大阪府枚方市の場合

　午前7時現在で特別暴風警報が発令されている場合は臨時休校になります。

　午前7時現在、暴風警報が枚方市や大阪東部に発令された場合は自宅待機になります。午前7時現在で解除されていた場合は平常授業になります。午前9時現在暴風警報が枚方市や大阪東部に発令されている場合は自宅待機になります。午前9時で解除されていた場合は、9時30分から授業。午前10時に解除されていた場合は、10時40分より授業が行われます。

　授業中に暴風警報が出た場合は速やかに地区ごとに下校させます（2015年1月10日現在）。

○自治体
・ハザードマップの作成

　暴風や強風に特化したハザードマップはありません。大雨災害や洪水災害のハザードマップに、風水災害として記されている場合があります。

　地形的に強風にみまわれやすい地域などが存在する可能性があります。自治体のハザードマップではまだそのような調査が行われていないのが現状です。

・警報への対応

　他の気象災害と同じように、気象庁からの警報情報によって以下のように住民に連絡することが必要です。

- 注意報レベル　担当職員の連絡体制確立。気象情報の収集。警戒区域の巡回。
- 警報レベル　避難所の準備と開設。必要な地域に避難準備情報の伝達を。応急対応体制をとる。必要な地域に避難勧告と指示、避難の呼びかけ。
- 特別警報レベル　非常に危険であることを住民に知らせる。最善を尽くして身を守る行動をとるように強く要請（実際は特別警報が出るまでに避難を完了させることが大切である）。

❷ 竜巻・ダウンバースト・ガストフロントに備える

　気象庁では竜巻・ダウンバースト・ガストフロントに備え、次のような準備をすることを呼びかけています。

・屋外の備え　発達した積乱雲が近づいてきたら、頑丈な建物の中に入らなければなりません。
　　発達した積乱雲が近づいてくると、急に周りが暗くなってきて雷鳴が聞こえたり稲妻が見えたり、冷たい風が吹き出したりします。また大粒の雨や雹が降り出すこともあります。
・家内の備え　1階の窓がない部屋に入ります。窓がある部屋の場合はカーテンを閉め、窓から離れます。丈夫な机やテーブルの下に入ります。

■ 竜巻・ダウンバースト・ガストフロントに対する備え

屋外では　頑丈な構造物の物陰に入って、身を小さくする。
屋外では　物置や車庫・プレハブ（仮設建築物）の中は危険。
屋外では　シャッターを閉める。
屋内では　家の1階の窓のない部屋に移動する。
屋内では　窓やカーテンを閉める。
屋内では　窓から離れる。大きなガラス窓の下や周囲は大変危険。
屋外では　電柱や太い樹木であっても倒壊することがあり、危険。
屋内では　丈夫な机やテーブルの下に入るなど、身を小さくして頭を守る。

（気象庁HPの図より作成）

● 竜巻気象情報の活用 HP

　気象庁HPでは「竜巻発生確度ナウキャスト」の画面で竜巻情報を出しています。確度1の場所が黄色に、確度2の場所は赤色で表示されます。以下のような基準で表示されます。

- 表示されない　半日か1日後に竜巻が発生する可能性がある場合
- 黄色　数時間以内に巻が発生する可能性がある場合
- 赤色　いつ発生してもおかしくない状態

コラム　竜巻などの突風の予測技術　その1

ドップラーレーダーによる観測

　レーダーから電波を出し、その反射を受けて、風で遠ざかる雨粒粒子と近づく雨粒粒子を分けて、顕著な渦があるかどうかをとらえます。

　竜巻は直径が数十mから数百m位なので、このドップラーレーダーではとらえることができませんが、その親雲であるメソサイクロンはとらえることが可能です。

■ドップラーレーダーのしくみ

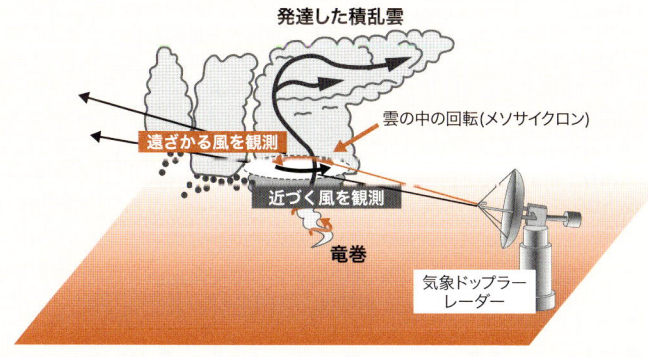

発達した積乱雲
雲の中の回転(メソサイクロン)
遠ざかる風を観測
近づく風を観測
竜巻
気象ドップラーレーダー

コラム　竜巻などの突風の予測技術　その2

数値予報による予測

　竜巻などの突風を発生させるのはメソサイクロンと呼ばれる回転する特殊な積乱雲。1つの積乱雲のような小さなものが起こす現象の数値予測は難しいが、メソサイクロンの場合は大気状態が不安定で鉛直方向の風速・風向の変化が大きいため、このような場合は予測が可能です。

　下図は2009年10月8日に千葉県から茨城県にかけて実際に発生した竜巻などの突風の予測図です。

■ 突風関連指数

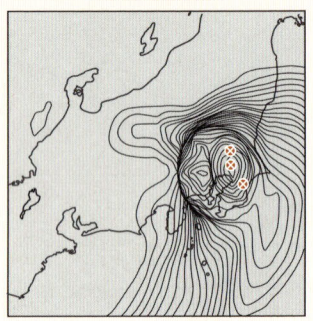

地上天気図　　　　　　　　突風関連指数

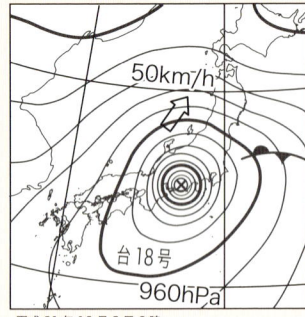

平成21年10月8日6時　　　平成21年10月7日9時を初期時刻とした
　　　　　　　　　　　　24時間後の予測（10月8日9時）

（気象庁の図より作成）

　天気の予測で使われる数値予報のデータをもとに、竜巻などの突風が吹く可能性の場所を図のような強度分布で表しています。×印は実際に竜巻が確認された場所です。予測値の高いところで実際に発生したことが分かります。

第6章

水害

半壊状態の眼鏡橋

1 水は怖い！

　その日の早朝、滝のように降った大雨は一旦小降りになりました。ところが数時間後、川から水が溢れ出しました。浸水を防ぐためにビルの前に積んだ土のうを超えて、水はどんどん建物の中に入り込みます。地下室の様子が心配になり見に行き、点検を終えて戻ろうとしたときです。なんと、ドアが水圧で開きません。とっさの判断で非常用のはしごを伝って天井のハッチを開け、なんとか脱出しました。最終的にビルの地下はすべて水没していました。

　これは1999年6月29日の梅雨前線と低気圧の影響による豪雨で発生した福岡水害で、命からがら地下室から逃げ出した人の話です。この水害では、1時間100mm近い雨が降った結果、福岡市を流れる御笠川に上流から大量の水が流れ込みました。福岡駅周辺の地形はすり鉢状になっており、行き場を失った水は駅周辺に集まりました。その結果、地下鉄や博多駅のコンコースだけでなく、周辺の地下街も浸水しました。浸水地域は5万m²にわたり、駅周辺の182棟中71棟が地下浸水しました。うち、逃げ後れた1人が死亡するという被害をもたらしました。

　アスファルトやコンクリートで覆われた都市は排水能力が弱いため、短時間に大雨が降るとすぐに浸水します。特に地下は逃げ場がなく、被害が甚大になりがちです。

■ 1999年福岡水害の様子（『朝日新聞』1999年6月29日〔夕刊〕）

（朝日新聞社提供）

一口メモ　地球上の水は約14億km³です。そのうち淡水は、2.5%しか存在しません。

●西日本水害

　1953(昭和28)年6月25日から29日にかけて九州地方北部を中心に発生した梅雨前線を原因とする集中豪雨による水害です。

　阿蘇山・英彦山を中心に、総降水量が1000mmを超える記録的な豪雨により、九州最大の河川である筑後川をはじめ、白川など九州北部を流れる河川がほぼすべて氾濫しました。この結果、流域に戦後最悪となる水害を引き起こし死者・行方不明者1001名、浸水家屋45万棟、被災者数約100万人という大災害となりました。

　この水害により筑後川など九州北部の河川における治水対策が根本から改められることになりました。

　この水害が九州北部地域に甚大な被害をもたらした原因として、集中豪雨と阿蘇山の噴火活動による地質的な要因、および九州北部を流れる河川流域の地形的な要因などがあり、それらが複合して被害を大きくしました。

●多摩川水害

　1974(昭和49)年8月31日から9月1日にかけて、台風16号の接近に伴い、関東地方は激しい雨に見舞われました。8月31日から多摩川上流は記録的な豪雨となり、多摩川は増水を続け、東京都狛江市で堤防が決壊、2日未明には民家がついに倒壊、2軒、3軒と濁流にのみ込まれ、最終的には19戸の民家が濁流に流されました。その模様はテレビで生中継され、全国の人が目の当りにし、日本全体に大きな衝撃を与えました。

　多摩川は勾配が急であるため、昔から氾濫が多発していました。洪水の度に流路は変わり、沿岸にあ

■ 多摩川に流出する家屋(『朝日新聞』1974年9月2日(夕刊))

(朝日新聞社提供)

った村が川により隔てられてしまうことも珍しくありませんでした。

　狛江市では9月1日の「防災の日」に予定していた防災訓練を天候悪化で中止にしましたが、まさか予定されていた訓練が実戦になるとは誰も予想してなかったでしょう。

● 長崎大水害

　1982（昭和57）年7月23日から24日未明にかけて、長崎県長崎市を中心とした地域に発生した集中豪雨、およびその影響による水害です。

　長崎観光のシンボルである石橋「眼鏡橋」が土石流で半壊状態になったことでも有名になりました。

　この大雨で長崎市を中心に死者・行方不明299名の人的被害を含む大きな災害が発生し、都市型災害の始まりと言われています。その後、24日から25日にかけて大雨の中心は熊本県や大分県に移動し、ここでも大きな災害が発生しました。これを受けて気象庁は、7月23日から25日までの大雨を「昭和57年7月豪雨」と命名しました。この災害では、長崎市付近に集中して死者・行方不明者が多く発生しました。このことが住民の避難誘導に関する防災システムや予報・警報、気象情報の伝達などにかかわる重要な検討課題を浮き彫りにし、大きな改善が進められる契機となりました。現在、気象庁が発表している「記録的短時間大雨情報」は、この長崎大水害がきっかけとなっています。

■ 半壊状態の眼鏡橋

（片寄俊秀）
日本で最初の石造りアーチ橋の眼鏡橋は、流出は免れたものの半壊状態となりました

●平成16年台風23号による水害

　2004年10月20日から21日に日本に上陸した台風23号は、全国で死者・行方不明者96名、住家の全壊・半壊・一部破損1万1839棟、床上・床下浸水6万2528棟などの大きな災害をもたらしました。

　特に兵庫県北部では、円山川水系に2日間雨量で278mm、12時間雨量では206mmという豪雨をもたらしました。また、円山川支流の稲葉川・八代川上流域や出石川上流域では、10月19～21日の総降雨量が320mmから350mmにも及びました。立野観測所の水位は、観測開始以来、最高水位8.29mを記録しました。このような豪雨を受け、円山川全流域に25か所の越水および本川と出石川の堤防が崩れ、円山川全流域で浸水戸数7944戸、浸水面積4083haの被害、5人の死亡者が発生しました。

　その要因としては、円山川の河床勾配が上流は急勾配であるのに対し、下流は非常に緩やかであり、豊岡市街地付近から河口までは水が流れにくいこと、本川からの逆流の影響を受けやすく内水氾濫(P168-169参照)が発生しやすいこと、また、内水被害が発生した支流の奈佐川は、大量の洪水を流すには困難なほどの狭い川幅であることがあげられます。

　本水害は18府県に及び、広い地域に災害をもたらしたという、いわゆる広域型豪雨災害であることが特徴です。

■ 円山川支川の内水氾濫で冠水した豊岡市街

（国土交通省HP）
市内の半分が水没し、家屋、家財に大きな被害を与えました

第6章　水害

● 平成23年台風第12号による水害

　2011年8月25日にマリアナ諸島付近で発生した台風による水害で、9月1日台風の接近に伴う豪雨の影響で紀伊半島を中心に被害が発生しました。このため「紀伊半島大水害」と称されています。特に和歌山県では、この豪雨による河川氾濫や土砂災害などによって、死者56名、行方不明者5名という多くの人的被害をはじめ、広範に及ぶ市街地の浸水、道路の損壊や、ライフラインの断絶など甚大な被害が発生しました。

　土石流58件、地すべり4件、がけ崩れ34件が発生し、人的被害56名のうち35名が土砂災害の被害者となりました。流出した土砂の量は膨大であり、川をも埋めてしまいました。

■ 土砂で埋まってしまった今西川

（中島載雄）

土砂の流出がいかに多かったかが分かります

一口メモ　近年、「住宅総合保険」、「オールリスクタイプ」の火災保険などによって、水害で被った損害を補償する保険ができてきました。水害では、建物そのものへの被害だけではなく、家財への損害を考慮すると「家財保険」なども必要になります。

●水の力は怖い

　日本は、「山紫水明の地」と謳われるように良質の水が豊富にあります。年間を通じて降雨が多く、山に降った水が川に流れ、飲料水や農・工業用水として私たちの生活や生産活動に欠かせないものとなっています。しかし、洪水、高潮、津波などを引き起こし個人の生命・財産および社会的財産をおびやかす大変怖い存在でもあります。

●水の力

　ここで、水の持つ巨大な力について考えてみます。水や空気のような流体は、「流れによって押される力＝動圧」と、「流体が面を押す力＝静圧」の2つの力を持っています。流れの中の物体に働く力は、「流体の質量」と「速さの2乗」を掛けた値の2分の1になります。

　水の質量は空気のおよそ800倍です。したがって水の流れによる動圧は空気の800倍になります。人は台風の時、風速20m程の風が吹く中、立っていることは困難です。これを水中に置き換えてみると、秒速70cmほどの流れの中での力は、風速20mの風の中に立っている時に受ける力に相当します。

　もちろん全身が水につかることはめったにありませんが、大雨のときの川のような速い流れの場合には、「速さの2乗」の力が働きますので、人は膝下、場合によってはくるぶしまで水に浸かっただけでも、簡単に足元をすくわれてしまいます。また、堤防からあふれた大量の水は家や塀までも破壊してしまいます。

■ 流れ込む水流の中で階段を昇る実験

（撮影：京都市消防局）

京都大学防災研究所宇治川オープンラボラトリーでは、階段を模した設備の上から水を流し、そこを下から上に昇る体験ができます。水位が30cmでは流速4m/秒になり、もう階段を登れなくなります。水位50cmでは流速5m/秒にもなり、手すりを持たないと流されてしまいます。

第6章　水害

151

● 水害に対する歴史的変遷
○ 江戸時代以前

　江戸時代以前の水害は、農耕と表裏一体の関係にあり、治水の基本は、氾濫常習地帯には住居を構えず、ある程度以上の洪水は氾濫に任せ、その被害を最小化することにありました。つまり、洪水と共生していました。

○ 明治時代から第二次世界大戦後

　明治になり殖産興業政策が取られ、人口増加の結果、人々は、土地を求めて、本来危険な氾濫常習地帯にも居住するようになってきました。このため、平野の大河川に連続高堤防を構築し、洪水を河道に封じ込めるための近代河川事業が開始されました。この時期から公共機関による水防への移行が始まりますが、まだ、地域住民による自主水防の意識は残っていました。

■ 大阪の治水事業

（国土交通省淀川河川事務所）
江戸時代は大阪平野を大和川が北に流れ、大阪城付近で合流していたため、氾濫を繰り返しました。河村瑞賢は安治川を開削、中甚平は大和川を西へ開削して新大和川を開削し、大阪平野の水害から守りました。

○ 戦後から20世紀末

　人口増加が加速し、都市化と本格的な河川下流域開発の時代となり、中流域や上流域にまで都市化が進み、河川の流域全体を対象とした総合治水対策が打ち出されました。流域住民は洪水対策を行政任せにした結果、水防活動などの自助・互助の精神が薄れました。同時に災害を天災から人災と捉える風潮が芽生えてきました。また、急激な都市化の進行により新しい都市水害の発生が見られるようになりました。

○ 21世紀以降

　日本における近代治水・現代治水100年の経験を基に、利水および環境的視点を加えて流域全体で治水事業を行う総合治水対策のさらなる推進が図られています。しかし、最近の設計外力を超える異常な豪雨などによる被害は、これまでの治水水準をはるかに上回って起こっており、被害を完全に防ぐことは不可能です。つまり、防災対策から減災対策へと視点を転換させていくことが必要になってきています。

> 一口メモ　水防の原点は、「自らの安全は自らが守り、地域の安全は地域が守る」という自主水防にあります。つまり、NPO、自治会、地元の民間企業による自主的な水害対策や災害救援活動への取り組みなどが必要不可欠です。

● **水災害の映像を見ることができるWebページ、DVD**

　水災害に関する映像は、YouTubeや国・自治体などのHPを検索すると見ることができます。また、DVDで見ることもできます。以下には、これらのうちから特徴的なものを示しました。

Webページ

これらのサイトでは、それぞれ以下の動画を見ることができます

- ◉ 消防庁HP「チャレンジ防災48」内「風水害の様子」
  - 平成16年7月新潟・福島豪雨「川を流れる家」
  - 平成16年7月新潟・福島豪雨「川と化した道路」
  - 平成20年神戸市都賀川水害「急激に水かさが増す川」
- ◉ 国土交通省近畿地方整備局HP福井河川国道事務所「福井豪雨映像アーカイブス」
  - 足羽川編　　・学術編
  - 嶺北編　　　・ダイジェスト編
- ◉ NHK東日本大震災プロジェクトHP「防災クリップ「明日へ1 min」」
  - 被災地は土砂災害に注意　・水の力をみくびるな
  - 被災地は浸水に注意　　　・高潮や高波に注意
  - 土砂災害は前ぶれに注意

DVD

- ◉『水害発生　その時』(東映㈱)
- ◉『河川災害の教訓』(㈳日本損害保険協会)
- ◉『温暖化時代の豪雨災害』(㈱オプチカル)
- ◉『楽しい川　あぶない川』(神戸市)
- ◉『昭和の自然災害と防災』(㈳日本損害保険協会)
- ◉『自然災害を知り備える　平成の災害史』(㈳日本損害保険協会)
- ◉『平成23年紀伊半島大水害の記録　未来へつなぐ教訓』(和歌山県)
- ◉『それぞれの復興　佐用町大水害の記録』(㈵まちかど・佐用町)

第6章　水害

2 水害の実験・体験・見学

　水害に関する学習では、国土交通省北海道開発局HP「防災・技術・機械・通信」内「水防災教育用資料」から以下のような学習ツールが無料で使用できます。 HP
- 水防災カルタ（児童向け）
- 水防災に関する基礎プレゼンテーション資料（小学生・中高生・大人用）
- 実験素材集（以下の20素材）

■ 水害学習ツール

実験素材名	学習に際してのポイント
災害時に必要なものを考えよう	避難に必要なものを考え、日ごろの備えに対する知識を得る
避難を体験してみよう	すばやい避難準備と適切な避難方法を疑似体験し、避難行動について理解する
避難生活を体験してみよう	避難生活を疑似体験し、その困難さを理解する
避難生活での防寒対策	廃品などを使って防寒対策を行い、避難生活において身体を冷やさないような工夫をする
伝言ダイヤルの練習をしよう	伝言ダイヤルを体験し、災害時に落ち着いて利用できるように方法を身につける
気象情報を収集してみよう	インターネットで気象情報を調べる方法を習得する
周辺の地形を調べてみよう	自宅と避難所、河川との位置関係を把握し、洪水時の避難の方向や経路を考える
身近な川のことを調べてみよう	身近な川の洪水履歴や名前の由来など、さまざまなことを調べ、川への理解を深める
洪水ハザードマップを見てみよう	洪水ハザードマップに書かれている内容を学習し、避難時の留意点を理解する
カレーライスが土石流に?!	防災施設のひとつである砂防えん堤のはたらきを理解する
川の流れを調べてみよう	流れる水によって、地面が変化する様子を観察し、川の形成について理解する
堤防のはたらき	河道模型によって、洪水のこわさや堤防の大切さを理解する
護岸のはたらき	河道模型によって、水の力の強さや護岸のはたらきを理解する
川の水のはたらき（運搬）	流れる水の力で土砂が運搬されることを理解する
土を観察してみよう	土には粒の大きさで様々な種類があることを学習する
水を通しやすい土は?	土によって浸透性に違いがあることを学習する
川の浄化作用を調べてみよう	河川にすむ微生物による水の浄化を学習する
川の水質を調べてみよう	川の水のいろいろな性質を調べる方法を習得し、川についての理解を深める
透視度計を作ってみよう	透視度計を作成し、水の透き通り度を測定する方法のひとつを知る
森林が水を吸収するはたらきを調べてみよう	森林による水の吸収を学習し、森林の持つ保水力を実感するとともに、洪水を抑制するはたらきを理解する

●小型流水の働き実験器による実験

増水による水害の様子や、流れる水が土地の様子を変えることなどを学べる市販の流水実験器があります。いろいろなパターンを実験できます。

■ 小型流水の働き実験器（流水台：幅130×奥行き300×高さ60mm、水受け：幅165×奥行き165×高さ20mm）

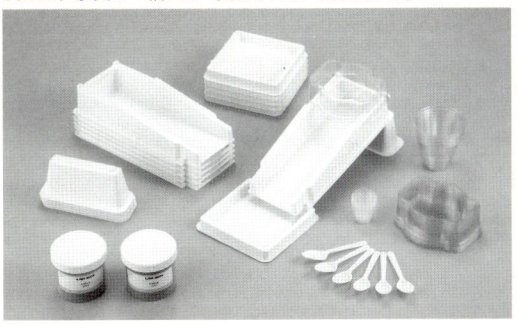

（ケニス株式会社）

●防災研究所で学ぶ HP

京都大学防災研究所宇治川オープンラボラトリーでは、大学の研究者のみならず、小・中・高等学校の先生および生徒たちが、水害に関するいろいろなことを学べる体験イベントを開催しています（土砂災害はP67参照）。

水害に関する公開ラボでは以下の事項を学べます。

・都市水害のメカニズム

ミニチュアのジオラマ模型で、川の水が溢れて起こる氾濫や、街に降った雨がはけずに起こる氾濫の様子を調べることができます。

また、地下駐車場が浸水する様子や、地下の施設に雨水を貯めて、街の中の浸水を少なくする様子も見ることができます。

・流水階段歩行

建物の地下に水が流れ込んだらどうなるのかを体験できる大型の実験装置が設置されています。ここでは、高さ3メートルの実物大の階段の模型で、水が流れ込む地下街から避難できるかどうか体験できます。水の力は思っているよりも強く、階段を上るのはかなり難しいことが分かります。

第6章 水害

- 浸水ドア開閉

　浸水体験実験装置を用いて、どれくらいの深さまで開けられるのか体験できます。深さ30センチの水でも、子どもの力ではドアを開けるのは困難になります。

● 水害資料館・見学・体験施設 🅷🅿

　水害について学べる資料館や施設には以下のものがあります。なお、訪れる前には事前に連絡が必要な施設もあります。

◉ 科学技術館（東京都千代田区）

　4階にある『建設館』では、川をモデルにした地形模型に水を流し、ダム、調節池、水門、堤防などの治水設備により総合的に洪水を防ぐしくみを、実験により学習できます。また、ダムや調整地、水門の機能をシミュレートできます。

◉ 由良川電子資料館

　国土交通省近畿地方整備局福知山河川国道事務所HPでは、電子資料館で由良川の水害の歴史を学ぶことができます。

　ここでは由良川の洪水の歴史が分かり、流域に暮らす人々の洪水氾濫による被害を軽減するための努力や国による治水の歴史が分かります。

◉ 津波・高潮ステーション
　（大阪府大阪市）

　津波・高潮が発生したときの西大阪地域の防災拠点および津波・高潮災害に関する啓発拠点となる施設です。かつて大阪を襲った高潮や、近い将来必ず起こると言われている東南海・南海地震とともに、地震、津波発生時の対応などを学ぶことができる広く開か

■ 大阪の防潮鉄扉

実際に使用されていた防潮鉄扉が展示されています

れた施設です。"見て、聞いて、触って"楽しく学び、災害への備えの大切さを学習できます。

　大阪では、昭和初期から工業用水として多量の地下水を汲み上げていたため、海抜0メートル地帯が広がっています。このため、防潮施設が重要になります。

　ここでは、高潮防災施設として実際に稼働していた防潮鉄扉の実物が展示されています。さらに防潮扉を開閉する水防団についても学ぶことができます。

　また、大阪を襲った三大台風(室戸台風、ジェーン台風、第二室戸台風)による高潮災害についての情報が把握できます。

3 水害を学ぶ

　水害の原因は、きっかけ(誘因)およびもともとの原因(素因)があります。誘因は、主に気象・海象条件です。素因には被害を受ける場所の地形や状態があり、自然素因と社会素因の2つに区分できます。

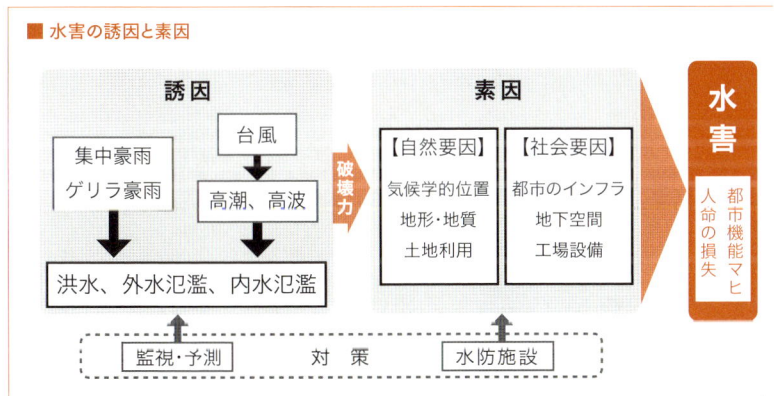

■ 水害の誘因と素因

誘因		素因		水害
集中豪雨 ゲリラ豪雨	台風 高潮、高波	【自然要因】 気候学的位置 地形・地質 土地利用	【社会要因】 都市のインフラ 地下空間 工場設備	都市機能マヒ 人命の損失
↓ 洪水、外水氾濫、内水氾濫				
監視・予測　　対　策　　水防施設				

誘因が素因に作用することによって水害が発生します。近年では都市の機能マヒをもたらす都市型水害が問題となっています

● 都市型水害

　都市型水害とは、都市に特有の水害のことで、集中豪雨やゲリラ豪雨などの誘因によって引き起こされる氾濫水の破壊力が、素因である地下空間や都市インフラなどの都市環境に作用して、人命や財産を奪い去ります。
　都市型水害の大きな要因は以下の3つです。

- 地表がアスファルトなどに覆われていることによる流域の保水・遊水機能の低下
- 地下利用など土地利用の高度化が進んでいることによる被害の増大
- ヒートアイランド現象や地球温暖化が原因といわれるゲリラ豪雨の発生

　都市部の河川は、平常時には流量が極端に少なく、豪雨時には流域に降った雨水が短時間に集中して流出し、浸水被害が頻発します。都市内の排水能力の不足などにより降った雨が、下水道や河川に排水できないことによって引き起こされる内水氾濫が、大きな問題となっています。このような都市型水害では、河川や下水道からあふれた雨水が、都市の低地部に流れ込み、地下空間の浸水による被害やライフラインの麻痺などを誘発します。

● なぜ被害が拡大するのか
○ 不浸透域の増大

　都市部の河川流域では、宅地開発や道路面積の増大などにより、地表面がコンクリートやアスファルトに覆われ、雨水は地下に浸透しにくくなっています。そのため、河川や下水道へ短時間に直接流れ込む雨水が増大し、従来は水害にならなかった規模の降雨でも、河川や下水道からの氾濫が生じるようになっています。
　対策としては、流域において、雨水を地中に浸透させたり、一時的に貯留して徐々に流すための雨水貯留浸透施設を整備し、下

■ 雨水の処理

雨水貯留浸透施設
- 雨水貯留施設
  - 流域貯留施設
  - 防災調整池
  - 遊水地
- 雨水浸透施設
  - 浸透トレンチ
  - 雨水浸透マス
  - 透水性舗装

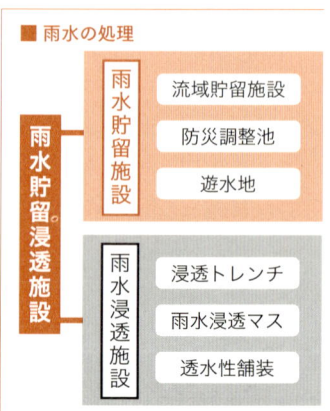

雨水の処理には、雨水を一時的に貯留する雨水貯留施設と雨水を地中に浸透させる雨水浸透施設があります

水道や河川に流出する雨水をできるだけ抑制することが必要です。

浸透施設としては、住宅などの雨どいを通じて雨水を地中に浸透させる雨水浸透マスのほか、歩道などに利用される透水性舗などがあります。貯留施設としては、宅地開発に際して設置する防災調整池のほか、校庭、公園などの空間を利用した貯留施設があります。

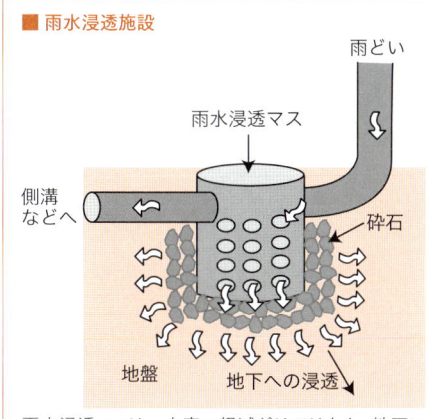

■ 雨水浸透施設

雨水浸透マスは、水害の軽減だけではなく、地下に浸透した水の一部が、蒸発するときの気化熱によって、ヒートアイランド現象の緩和にも貢献します

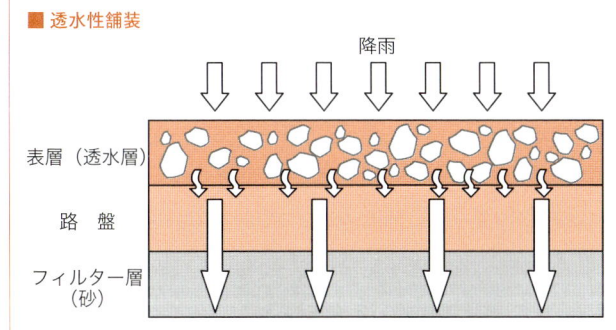

■ 透水性舗装

透水性舗装は、水害の軽減だけではなく、騒音の軽減にも役立ちます

○ 地下空間の利用

都市部では、地下街や地下室などの地下空間の利用が進んでいます。しかし、地下空間は、浸水が地上から流入する閉鎖的な空間であるため、地上と比較して浸水の水位が上昇するのが早く、水害上の危険性は極めて高くなります。また、地上の状況が伝わりにくいことが多く、情報伝達が遅れがちです。1999年には、東京都新宿区、福岡県博多駅周辺で、地下空間の浸水被害による死者が発生しました。

- 地下街等（不特定かつ多数の者が利用する地下施設）

　都市の地下空間利用は、地下鉄駅、地下駐車場、地下街など多岐にわたります。さらに、個々の施設が接続され、防災の考え方や規制法令の異なる地下空間が一体化しているところが多く存在します。地下街等では、水の浸入経路である各出入口や換気口に対して包括的に浸水防止対策を講じる必要があります。また、河川情報、気象情報、地上の状況が迅速に地下に伝わることが重要です。これまでは、地下の防災では防火、震災対策が中心だったので、水害対策は立ち遅れています。

- 地下室

　1994年に建築基準法の容積率制限が緩和されました。「近年の居住形態の多様化に対する国民の関心の増大や既成市街地等における合理的な土地利用に対する要請の高まり、さらには住宅建築に関する技術開発の進展等建築物をめぐる環境の変化に的確に対応した合理的な建築基準を速やかに策定する」ことの必要性があるとして、住宅の地下室の床面積について、延べ床面積の3分の1を限度として容積率に算入しないことになりました。その結果、都市部には地下室を持つ住宅などが増加し、豪雨時には雨水が地下部に流入し、浸水被害が発生するという問題が浮かび上がってきました。福岡や新宿での被害については、「慎重さを欠いて、社会が地下利用に進んだことへの警鐘」との見方もあります。

●昔の人の知恵による水害を防ぐための人工物
○輪中

　輪中は地方により呼び名は異なりますが、水害を防ぐために、自然堤防を基礎としてその上に人工的に堤防を築き、集落および耕地を囲んだものです。この堤防を輪中堤といいます。

　江戸時代ごろから本格的に構築されたと考えられていますが、最初は輪の形をしておらず、築捨堤、尻無し堤などと呼ばれています。この堤防は集落等の上流側だけに造られ、下流側は開いていたため、洪水は下流側から上流にゆっくりと向かい、流水のエネルギーが弱く、破壊を伴う水害は回避されました。しかし、堤防は堅固なものではなかったため、壊滅的な被害を受けることもあ

りました。

　輪中は、下図に示すような過程を経て形成されてきました。はじめに、河川内に厚く堆積した土砂の上に人が住み始めました。当初、堤防は集落・耕地の上流側にあたる部分に造成され、濁流の激突をかわすことに重点がおかれました。こうした堤防は、下流からの浸水にはまったく無防備でしたが、耕地は冠水しても土砂による埋没・荒廃は免れ、反面、肥沃な土壌が堆積して地力はむしろ年々更新されていきました。その後、海から逆流する水を防ぐために下流にも堤を築き、これで輪の形になり輪中となりました。

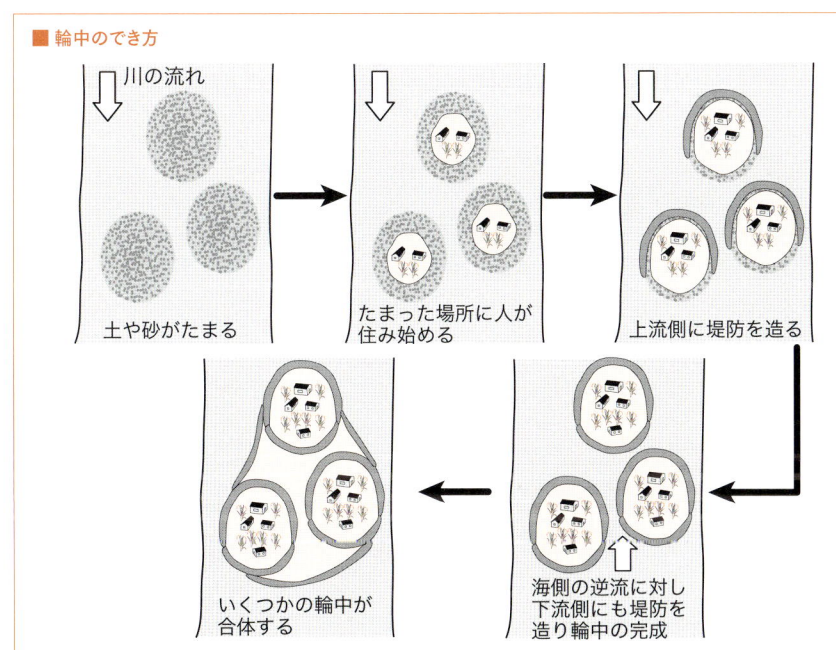

■ 輪中のでき方

川の流れ		
土や砂がたまる	たまった場所に人が住み始める	上流側に堤防を造る

| いくつかの輪中が合体する | ← | 海側の逆流に対し下流側にも堤防を造り輪中の完成 |

最初は上流部だけに堤防を造り、その後下流部にも堤防を造るようになりました。複数の輪中が合体し大きな輪中を造ります。

　濃尾平野の西南部では、低湿地に木曽三川（木曽川、長良川、揖斐川）が集中し、排水が悪くしばしば洪水の被害を受けてきました。河川が氾濫して土砂が堆積し、旧河道と自然堤防と後背湿地が網の目のように発達しています。農民たちは古くから自然堤防などの微高地に集落と耕地を造ってきました。

明治時代には、木曽三川において大規模な治水事業が行われたため水害が激減しました。このため、輪中の必要性は少なくなり、逆に道路交通の整備で支障をきたす構造物として多くが取り壊されました。

○ 舟形屋敷

　舟形屋敷とは、上流からの水流による被害を低減させるために、屋敷の周囲を、上流側に閉じたV字型もしくは三角形にかたどった堤防で囲んだ防災住居のことをいいます。堤防の外側には水路を引いて用水として用いるとともに、堤防の内側には松・杉などの木や竹を植えて土固めとして洪水に備えました。堤防で囲まれた内部の構造は、一般的には先端に墓が置かれ、次に土を盛り上げて高くしているところ（ボタと呼ばれる）を設けて竹や木を植え、その背後に家屋や畑などを配置していました。

　全体形状から濁流に逆らって進む舟に見立てて、舟形屋敷と呼ばれるようになりました。舟形屋敷は、江戸時代から明治時代に多く造られました。現在でも静岡県藤枝市、島田市などで目にすることができます。

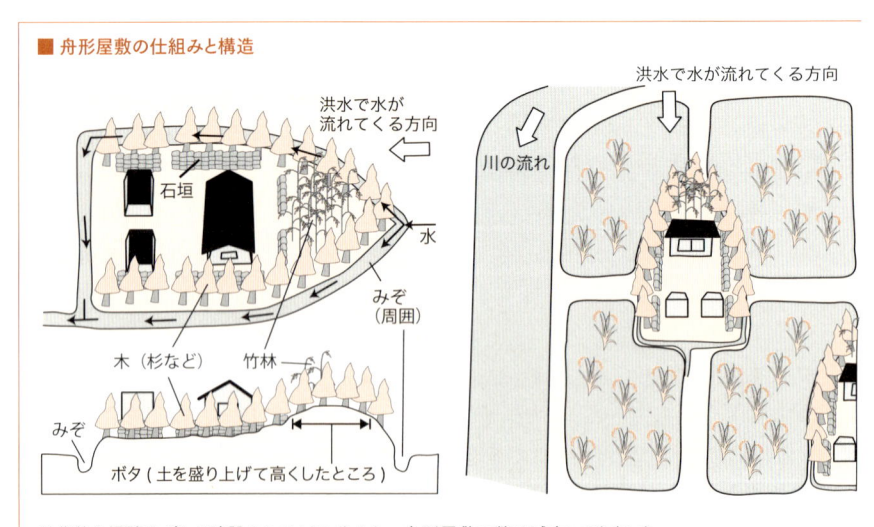

■ 舟形屋敷の仕組みと構造

近代的な堤防やダムが建設されるようになると、舟形屋敷の数は減少してきました

4 水害に備える

●総合治水対策

　我が国では、国土の1割を占める洪水氾濫域(洪水時の河川水位より地盤の低い区域)に、人口の50%、資産の75%が集中しています。このように、水害に対して脆弱な国土環境であるため、毎年各地で、梅雨前線の活動や台風の影響により、豪雨災害が発生しています。

　堤防等の治水施設の整備により、近年は、水害による浸水面積は減少してきています。また、大河川の堤防が決壊することによる、死者の発生や家屋の流失も減少してきています。しかし、都市型水害については増加傾向にあります。

　流域の急激な都市化に起因する都市型水害に対しては、従来の治水施設の整備を中心とした対策では限界があることが明らかになりました。このため、建設省(現国土交通省)は、1977年以降総合治水対策という考え方を治水行政に取り入れました。

　総合治水対策とは、従来の河川を対象にした線的な治水対策から、流域を対象とした面的な治水対策への転換をはかる対策です。

　その内容は、以下の3点です。

- 調節池・浸透マスなどの流域内に雨水を保水・遊水させるための工夫
- 土地利用計画・開発規制や透水性の舗装道路の奨励などの氾濫原を管理する施策
- 洪水の警報や予測・情報伝達・避難体制の確立などの、災害時の対応を総合的におこなうことによって水害を防止

　平野の少ない日本の場合、都市は平野を中心に発展してきました。平野は河川の氾濫により形成された地形であるため、都市はもともと水害を受けやすい場所となっています。このため、主要な河川を対象とした堤防、河道整備、ダムなどの治水施設の整備を中心とした治水対策がとられ効果を上げています。しかしながら、これらの対策では防ぐことができない新たなタイプの水害が、高度成長期における都市化に伴う宅地開発に起因して多発しています。

●都市化の拡大で被害が増加

　1960年代以降の高度成長期の都市への人口の流入に伴う宅地化は、地方中核都市では地価の安い低平地や川沿いに、東京・名古屋・大阪などの大都市では郊外から水田地帯へ開発が進みました。新しく開発されたこれらの宅地は、もともと水害の起きやすい地域でした。実際、1960年代から日本の各地の新興住宅地で水害が多発しました。高度成長期の都市の脆弱性は1976（昭和51）年9月の台風17号により一気に顕在化しました。台風17号は各都市の中小河川を氾濫させ、その被害は44都道府県に及び、死者行方不明167人、床上・床下浸水約52万棟、被災者が約40万人と1970年代の最大規模でした。特に、高知市では、市内を流れる鏡川が氾濫し、新興住宅地や低地部での床上・床下浸水は約3万棟以上となりました。この水害は、ダムの洪水調節能力や低地の排水ポンプ能力に限界があることに加えて、都市化に伴う土地開発の問題を浮き彫りにしました。

　堤防など治水施設の整備や人口増加により、以前は住宅の建設がなされなかった洪水氾濫域においても、新たな宅地開発が行われるなど土地利用が進んでいます。このような地域では、堤防の施設能力を超える洪水が発生した場合には、被害が大きくなります。

　氾濫域における建築制限を行うための土地利用規制としては、災害危険区域の設定や市街化調整区域の指定などがあります。「建築基準法」（昭和25年法律第201号）は、条例で出水等による危険の著しい地域を災害危険区域として指定し、災害危険区域内における住宅建築規制等を定めることができる、としています。

　しかし、土砂災害に関する指定区域は多いものの、出水に関しての指定は少ないのが現実です。一方、市街化調整区域は、「都市計画法」（昭和43年法律第100号）第7条に基づき、市街化を抑制すべき区域です。1970年に出された局長通達では、おおむね1時間50mm程度の降雨を対象として、河道が整備されない河川の氾濫区域および50cm以上の浸水が予想される区域は、原則として市街化区域に含めないとしています。しかし、実際はこの通達が遵守されていないのが現状です。

●ゲリラ豪雨の増加に備える

　ゲリラ豪雨（一口メモ参照）は河川の増水や土砂崩れ、家屋への浸水、道路の冠水などさまざまな被害をもたらし、私たちの生活を混乱させます。特に都市部では降った雨が浸透する表土がコンクリートやアスファルトなどで覆われているため、より被害が広がる傾向にあります。

　また、河川の氾濫などの影響を受けて水道管や送電設備等にトラブルが発生して、断水、停電などライフラインへの被害が発生する場合もあります。さらに、電車、バスなどの公共交通機関のダイヤが乱れたり、道路冠水による通行止めなどで自動車が通行できなくなるなど、通勤や通学などに影響を及ぼすこともあります。

　こうした被害に巻き込まれないためには、ゲリラ豪雨が発生した際には、できるだけ安全な場所に速やかに避難することが必要になります。

■ 水害時に危険になる地下空間

① 地下室では外の様子が分かりません

② 浸水すると電灯が消えます。また、エレベーターは使えません

③ 地上が冠水すると一気に水が流れ込んできます

④ 水圧でドアは開きません

●水害ハザードマップ（平常時における情報）

　2014年3月31日現在で、浸水想定区域と洪水ハザードマップの作成・公表状況は、1310市町村のうち1272市町村で公表されています。これは全市町村の97％に達していますが、いまだ38市町村は未公表です。詳細は以下の通りです。

一口メモ 予測が困難な、積乱雲の発生による突発的で局地的な豪雨をゲリラ豪雨といいます。気象学的な明確な定義はなく、報道用語として使われるようになりました。

○ 国管理河川（対象市町村：730市町村）
　洪水予報河川　293河川
　水位周知河川　136河川
　このうち指定済み浸水想定区域は、412河川、未指定浸水想定区域は17河川。

○ 都道府県管理河川（対象市町村：1050市町村、国管理河川との重複を含む）
　洪水予報河川　124河川
　水位周知河川　1419河川
　このうち指定済み浸水想定区域は、1519河川、未指定浸水想定区域は24河川。

　水害に対するハザードマップには、洪水ハザードマップと内水ハザードマップがあります。各自治体のHPで確認できるとともに、国土交通省「ハザードマップポータルサイト」で見ることが可能です。 HP

　洪水ハザードマップとは、河川が氾濫した場合に備えて、地域の住民がすばやく安全に避難や対応を行うことで被害を最小限に抑えることを目的として、浸水の想定される区域と浸水の程度、さらに避難場所などの情報を地図上に明示した防災マップです。水防法により浸水想定区域に指定された市町村は作成が義務づけられます。

　一方、内水ハザードマップは、大雨時に想定される下水道や水路に起因した浸水区域や水深などのさまざまな情報をまとめたマップです。

　ハザードマップを有効に活用して水害から身を守ることが重要です。しかし、人間には、自分にとって都合の悪い情報を無視したり、過小評価してしまう特性があります。これを「正常性バイアス」といいます。この特性のため、逃げ遅れてしまった人が多くいます。また、避難を誘導・先導すべき人たちにも正常性バイアスが働くことで被害が拡大することもあります。

　水害は身近に迫らないと分かりにくいため、気づきにくい災害と言われています。大雨の中で避難するのはコストが高くつき、ずぶぬれになるので気が進みません。さらに、初めての水害を経験する地域では、正常性バイアスが働き、避難が遅くなります。水害は逃げ遅れの出やすい災害であると理解することが、適切な水害対策につながります。

一口メモ　洪水または高潮に際し、被害を軽減し、公共の安全を保持することを目的とした法律を「水防法」といいます。

コラム スーパー堤防

　洪水の作用に対して耐えられる構造をした堤防をスーパー堤防といいます。

　スーパー堤防は、緩やかな勾配を持つ幅の広い堤防で、堤防の上は広くなっているため、通常の土地利用ができます。そのため、新たな街づくりを行うことが可能です。

　スーパー堤防の特徴には以下のようなものがあります。

- 越水しても壊れない
　　大洪水によって越水が起きても堤防が壊れることなく、水が緩やかに流れるようになっています。
- 浸水しても壊れない
　　堤防幅が広いので、洪水が長期間続いても、浸透水によって堤防が壊れることがありません。
- 地震に強い
　　地盤改良などを実施してから堤防を構築するため、地震時に現地盤の液状化やすべり崩壊などが発生しづらくなり、地震に強い土地になります。

■ 普通の堤防

河川の水が一気にあふれる｜堤防の幅｜

■ スーパー堤防

河川の水がゆるやかにあふれる｜堤防の幅｜

点線は堤防の位置を示します。普通の堤防では水があふれることにより、堤防が崩壊しやすいですが、スーパー堤防では崩壊しずらいです

第6章 水害

● 災害時における情報

　近年の豪雨災害では、避難勧告等を適切なタイミングで適当な対象地域に発令できていないことや、避難勧告等が伝わっても住民が避難しないことなどが課題となっています。この要因としては、以下の点があげられます。

- 市町村としては、避難勧告と避難指示の区別等が不明確で、具体的な基準がないため判断ができない。
- 災害の要因である自然現象や堤防等の施設の状況が充分に把握できていない、確実でない段階での判断に限界がある。
- 避難勧告・指示を発令するすべての市町村長が、水害に精通しているわけではない、避難勧告・指示の空振りを恐れる、また、避難行動の際の危険性などから、一般的に、発令を躊躇しがちである。
- 避難勧告を出す基準を決めたとしても、その基準が本当に適切か自信を持てない。

　内閣府では、集中豪雨時等における情報伝達及び高齢者等の避難支援に関する検討会を設置し、平成17年3月、「避難勧告等の判断・伝達マニュアル作成ガイドライン」を以下のようにとりまとめました。

- 避難勧告と避難指示という概念を明確に分け、それぞれについて、客観的で具体的な発令基準を設けること。
- 避難の準備を求める避難準備情報を出すことを推進すること。
- 避難準備情報を、災害時要援護者に対する避難勧告とみなし、災害時要援護者にはこの段階で避難してもらうこと。

● 水害の種類
○ 外水氾濫と内水氾濫

　水害は外水氾濫と内水氾濫に大きく区分できます。内水と外水はよく混乱しますのでその違いについて解説します。川に構築された堤防を境に人が居住する側が堤内といい、川が流れている側を堤外といいます。
　そして、堤内にある水を内水、堤外の水を外水と区分します。川から水があ

ふれることを外水氾濫といいます。外水氾濫は、堤防が決壊し、河川や湖沼が水であふれた時、また、治水施設が設計基準を上回る降雨などのため、基準を超える外圧により施設が崩壊した場合に発生します。

一方、街や農地に雨が降り、その水が川へ流れだすことができなかったり、排水不良によってあふれてくることを内水氾濫といいます。

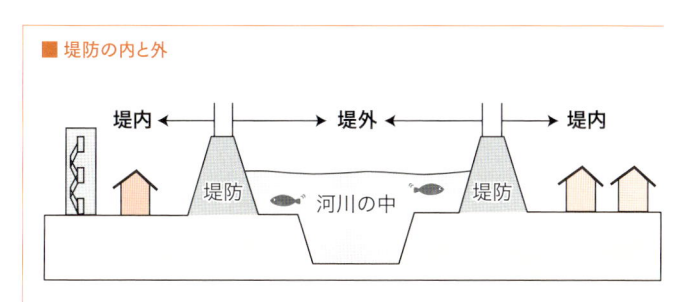

■ 堤防の内と外

私たちの生活している川の外側を「内」、堤防に囲まれた川の中を「外」といいます。洪水のときには、堤防によって流れてくる水から守られており、人々が居住している場所が内側になるためです

一般的に水害で使用される言葉は以下のように分類されています。

○ 浸水

浸水は一般的に低地で発生します。

短時間に大量の雨水が道路から建物に流入し、浸水することがあります。低地以外では下水の排水処理能力を超えた時に発生することがあります。

○ 地下浸水

最近は一般の住宅で地下駐車場や地下室、半地下構造が多く見受けられます。

この地下部分は地盤より低いため雨水が流入し、浸水することがあります。また、浴室等の排水口から逆流する事があるので、排水溝の水を排水ポンプなどを設置することで対策を行います。

○ 床上浸水

住家の部屋の床より上に浸水したものです。

報道の被害報告や保険では地盤面より45cmを超える浸水を床上浸水といいます。人命や、財産にかかわる大きな被害が発生しやすくなります。

○ 床下浸水
　床上浸水に至らないほどの浸水で、住家の部屋の床より下に浸水している状態のことです。目安としては地盤面より45cm以下の浸水をいいます。

● **都市の水害対策**
　都市では以下のような水害対策がとられています。

○ 地下鉄の水害対策
　地下鉄の駅の出入口やエレベータの出入口に止水板が設置されています。地下深い位置にある駅等の出入口には防水扉が設けられています。

○ 鉄道の水害対策
　線路が河川の堤防より低い場合は、洪水時に大量の水が流入し、線路が冠水しないように線路を閉めきる水防扉を設置しています。

○ 建築物の水害対策
　大型ビルはビル内への浸水を防ぐため、エントランス、地下駐車場入り口には水防板・水防扉の設置、あるいは止水板を設置するなどの浸水対策がとられています。
　自治体によっては治水対策の一環として、雨水を地下に浸透させる施設(雨水浸透ます、浸透トレンチ等)、雨水貯留施設を、国、地方公共団体、公社、公団等が所管する全ての公共施設及び敷地面積が500m^{2}を超える大規模な民間施設で設置の指導を行っています。

○ 道路の水害対策
　アスファルトが多い都会の道路でも道路が冠水しないようにさまざまな雨水整備を行っています。近年、水害対策として道路には透水性舗装や浸透マスが設置されています。

東京都、神田川・環状七号線地下調節池は、神田川及び善福寺川の水害を軽減するための、貯留量約24万立方メートルに及びます。

　東京都、杉並区にある地下貯水施設は大雨の際の浸水対策のために、地下50mに巨大なタンクを設置して、地上に降った雨を一時的に貯留する施設で道路の冠水に対処しています。

　渋谷駅周辺には坂道が多く雨水が集中しやすい地形のため、貯留管が設置されています。貯留量4000m^{3}の能力があり、大雨が降っても浸水に強い街になっています。

○地下放水路

　地下放水路は、あふれそうになった中小河川の洪水を地下に取り込み、地下数十mを貫くトンネルを通して下流河川に流すことで、洪水を安全に処理し、住宅などへの氾濫を防ぐ施設です。我々の目にふれることのない地下に構築されていることから、その規模などは一般的には知られていませんが、実は巨大な土木構造物で、首都圏外郭放水路では延長6.3kmにもおよびます。

■ 首都圏外郭放水路

（国土交通省江戸川河川事務所）
各河川から洪水を取り入れる流入施設や地下水路、排水機場等から構成されています。流入した水の勢いを弱めるための調圧水槽は高さが18mもあり、地下神殿とも称されます

コラム　ヒートアイランド現象とゲリラ豪雨

　ヒートアイランド現象とは特に夏場の都市部の気温が、周辺の郊外部に比べて高温を示す現象をいいます。その原因にはビルやマンションのコンクリート壁面からの放射、アスファルト地面からの放熱、自動車や建物のエアコンの放熱など、さまざまな原因が考えられます。さらに都市部には樹木が少ないため、一度上昇した気温は低下しにくい環境となっています。

　このため、住民の健康や生活、自然環境への影響が問題視されています。たとえば夏季は熱中症の増加や不快さの増大、冬季は感染症を媒介する生物の越冬が可能になることなどがあります。都市化が進むほど、ヒートアイランド現象も強まり、高温の長時間化や高温域の拡大が起こります。

　このヒートアイランド現象は単に気温を上昇させているだけでなく、自然界にもさまざまな影響を与えています。その一つが、近年増加しているゲリラ豪雨の増加現象です。

　そのメカニズムは、都市部で暖められた空気が上昇気流となり、海からの湿った空気を引き寄せ、そこへヒートアイランド現象による熱が都市部の上空における積乱雲の発達を助長し、ゲリラ豪雨を誘発すると考えられています。

　ヒートアイランド現象は都市化が生んだ現代の深刻な環境問題です。また、地下鉄や地下街などの地下構造物が多く存在する都市特有の都市型水害を誘発し、大きな被害をもたらすことがあります。

■ ヒートアイランド現象のしくみ

上層の寒気
積乱雲が発達
ゲリラ豪雨
エアコンの室外機などから放出される熱・水蒸気
上昇気流が発生
日射などで暖められた地面からの熱
暖かく湿った空気
陸　　暖められた地表　　海

◆ 避難時マニュアル

ここでは災害時に役立つ情報を紹介します。

◉ 災害時の応急手当

災害時には、道路の寸断や通信障害などの影響で救急車の到着は大変困難になります。このような時に重要なのが応急手当です。

● 止血（直接圧迫止血法）

出血量が多いほど止血手当を迅速に行う必要があります。止血法としては、傷口を直接圧迫する「直接圧迫止血法」が基本です。

- きれいなガーゼやハンカチ、タオルなどを重ねて傷口に当て、しっかりと長く強く押さえます。
- 感染防止のため、血液に直接触れないように、できるだけビニールやゴム製の手袋、または ビニール袋を使用します。
- 片手で圧迫しても血が止まらないときは、両手を使ったり体重をかけて押さえます。

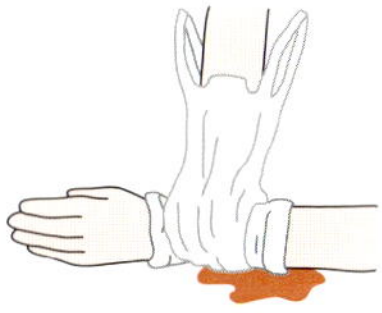

■ 直接圧迫止血法

● 搬送法

傷病者のいる場所が危険な場合に、安全な場所に移動させる方法です。必要な応急手当を行い、傷病者に苦痛を与えず安全に搬送することが大切です。

● 応急担架の作り方には以下の２つがあります。

◆ 棒と毛布による応急担架

毛布を広げ、約３分の１の場所に棒を１本置き、棒を包み込むように毛布を折り返します。もう１本の棒を折り返した毛布の上（端を15cm以上確保）に置き、残りの毛布を折り返します。

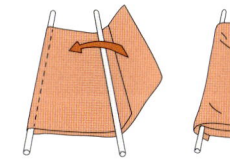

◆ 衣服を用いた応急担架

５枚以上の上着を用意し、上着のボタンをかけたまま、両袖に棒を通します。

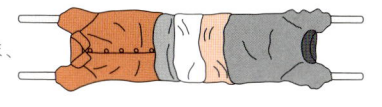

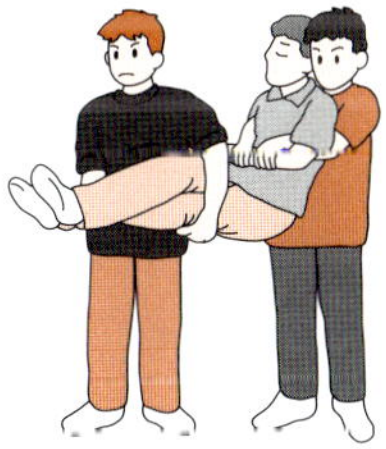

◆ 担架などが使用できない場合の搬送法（徒手搬送法）

傷病者の気道確保に注意をし、２名以上で搬送する場合は、互いに歩調を合わせ、傷病者に動揺を与えないように搬送します。

徒手搬送は、二次災害につながる危険があるため、必要やむを得ない場合に限ります。

※心肺蘇生法（胸骨圧迫やAEDの使い方）やその他の応急手当は、大阪市消防局「ボジョレーに教わる救命ノート」で学ぶことができます。 HP

（協力：大阪市消防局）

◉ 避難時に持ち出す物

非常持ち出し袋には、最低これだけは必要です。

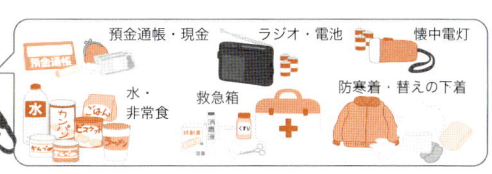

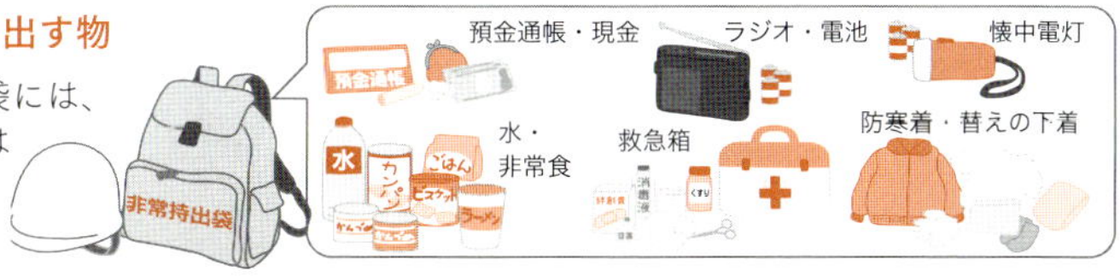

預金通帳・現金　ラジオ・電池　懐中電灯
水・非常食　救急箱　防寒着・替えの下着

おわりに

　理科の中に地学という教科があります。地球の自然現象を学ぶ教科です。自然災害は特に地学に関係しています。日本では約半分の人が高等学校で学校教育を終えるのですが、災害の多い国であるにもかかわらず、高等学校で地学を学ぶ生徒は約1割だといわれています。

　地学を学ぶ目的の一つは地球におけるさまざまな自然現象を知りその仕組みを学び、自然災害から身を守るための知恵を身につけることです。本書は地学の中で特に災害に関係する部分を学べるようになっています。高等学校で地学を学ぶ機会がなかった方も本書で学ぶことができるようになっています。

　自然災害は地域によって大きな差があります。本書は地学の基本的な内容だけでなく自然災害や防災について解説しています。これを契機に自分が住む地域性についても把握していただければと思います。いざという災害時にこれらの知識が身を守ることに役立つと思います。

　本書ができ上がるまでには多くの方の力を得ました。粗稿を読んでいただき一般読者の目でいろいろな意見いただいた遠藤敦志さんや実験を手伝っていただいた香川直子さん、きれいなイラストを作成していただいた(株)モンキャラメルの松下久仁子さん、榊原ますみさん、複雑で厄介な編集作業をしていただいた太田明日香さん、巻末の「避難時マニュアル」にアドバイスをいただいた大阪市消防局のみなさんのご協力に感謝します。また本書を企画編集された創元社の山口泰生さん、小野紗也香さんのお勧めがなければ本書が世に出ることはありませんでした。改めてお礼申し上げます。

　　　　　　　　　　　　　　　　　　　　　　　　　　　柴山元彦

《参考文献》
『雨水浸透・地下水涵養(21世紀の地下水管理)』日本地下水学会編(2001年、理工図書)
『安山岩と大陸の起源 ── ローカルからグローバルへ』巽好幸(2003年、東京大学出版会)
『いのちを守る都市づくり(アクション編)』大阪市立大学都市防災研究グループ編(2013年、大阪公立大学共同出版会)
『大阪の自然災害と環境』研究報告収録第115-09号(2001年、大阪府教育センター)
『環境防災学 ── 災害大国日本を考える文理シナジーの実学』竹disabled征三(2011年、技報堂出版)
『環境保全と防災対策に着目した 地盤・地下水開発技術〈入門〉』戟忠希・稲荷誠(2014年、日刊工業新聞社)
「関西での地学普及の取り組み」柴山元彦『地質と調査』2012年第3号(土木春秋社)
『巨大地震の科学と防災』金森博雄(2013年、朝日新聞出版)
『自然災害を知る・防ぐ 二版』大矢雅彦ほか(2001年、古今書院)
『世界一おいしい火山の本 チョコやココアで噴火実験』林信太郎(2006年、小峰書店)
『断層列島 ── 動く断層と地震のメカニズム』金折裕司(1995年、近未来社)
『地学』磯崎行雄ほか(2014年、啓林館)
『地学基礎』磯崎行雄ほか(2014年、啓林館)
「地学の普及活動」柴山元彦 『Nature and Environment』2013年Vol.15(京都自然史研究所)
『地学は何ができるか ── 宇宙と地球のミラクル物語(第2版)』日本地質学会監修(2010年、愛智出版)
『地球の物理 ── 現代の地球観』日本物理学会編(1982年、丸善株式会社)
『地球は火山がつくった ── 地球科学入門』鎌田浩毅(2004年、岩波書店)
『TSUNAMI』Geoff Tibballs(2005年, CARLTON BOOKS)London UK
『TSUNAMI』湾岸技術研究センター『TSUNAMI』出版編集委員会編(2008年、丸善プラネット)
『徹底図解 東日本大震災の真相』木下正高ほか監修(2012年、双葉社)
『都市大災害』河田惠昭(1995年、近未来社)
『2005地球大変動 ── 洪水 巨大津波 激震 大噴火』(2005年、Newton Press)
『日本火山学会第18回公開講座テキスト 火山学者と火山を作ろう! マグマのおもしろ実験教室in旭川』(2011年、日本火山学会)
『ヒートアイランドの対策と技術』森山正和編(2004年、学芸出版社)
『防災教育の展開(シリーズ・防災を考える)』今村文彦(2011年、東信堂)
『南三陸から 2011.3.11〜2011.9.11』佐藤信一(2011年、日本文芸社)
『南三陸から 2011.9.11〜2012.3.11〈vol.2〉』佐藤信一(2012年、ADK南三陸町復興支援プロジェクト)
『夢みる防災教育』矢守克也・諏訪清二・舩木伸江(2007年、晃洋書房)

また、以下の省庁のHPを参考にした。
気象庁／国土交通省／総務省／内閣府／文部科学省

《写真、図版の出典(50音順、敬称略)》

朝日新聞社／大阪市役所／大阪市消防局／太田和良／片寄俊秀／気象庁／京都市消防局／ケニス株式会社／国土交通省／国土交通省江戸川河川事務所／国土国交省淀川河川事務所／駒ヶ根高原砂防フィールドミュージアム／財団法人消防科学総合センター・災害写真データベース／消防庁／世田谷区役所／東京消防庁／NPO法人地盤・地下水環境NET／NPO法人土砂災害防止広報センター／中川康一／那珂市役所／中島載雄／福岡県県土整備部砂防課／伊達市役所／毎日新聞社／宮古市役所／串本町役場／Alpsdake／KimonBerlin／NASA/ISS/Karen Nyberg

◆著者紹介◆

柴山元彦（しばやま・もとひこ）

自然環境研究オフィス代表　理学博士。特定非営利活動法人「地盤・地下水環境NET」理事。大阪市立大学、同志社大学非常勤講師。
1945年大阪市生まれ。大阪市立大学大学院博士課程修了。38年間高校で地学を教え、大阪教育大学付属高等学校副校長も務める。定年後地学の普及のため「自然環境研究オフィス（NPO）」を開設。近年は、NHK文化センター、毎日文化センター、産経学園などで地学野外講座「天然石探し」「親子で化石探し」「名水めぐり」「地学散歩」などの地学関係の講座を開講。また、インドネシアの子供のための防災パンフ（地震、津波、火山）の仕掛け絵本を作成し、10年前より毎年同国に渡航、ボランティアの普及活動を行っている。
著書に『巨石めぐり』『宝石さがしI,II』『化石探し』（いずれも東方出版）、『さあ化石を探しに行こう！』（遊タイム出版）、『大阪自然の歴史』（共著、コロナ社）、『土はおしゃべり』（共著、地盤工学会）などがある。

戟　忠希（ほこ・ただき）

株式会社HOKOネットワーク代表取締役社長、特定非営利活動法人「地盤・地下水環境NET」専務理事、一般社団法人知財経営ネットワーク理事。技術士（応用理学部門、総合技術監理部門）、APEC ENGINEER (Civil,Structual)、環境計量士、一級土木施工管理技士。
1954年大阪府生まれ。大阪市立大学理学部卒。大手建設コンサルタント会社勤務の後、独立し現在に至る。近年は、科学技術の振興および環境保全活動の推進を図っている。また、企業の技術評価や技術移転などを手がけている。技術の目利きに関する観点からのセミナーや子供の理科離れを防ぐためのセミナーには定評がある。
著書に、『環境保全と防災対策に着目した「地盤・地下水開発技術」入門』、『技術者のプロマネ「ミッション遂行力」入門』、『技術融合で「人に役立つ技術」を仕事にする』、『知ってなアカン！技術者のためのマネジメント思考上達法』（いずれも日刊工業新聞社）などがある。

自然災害から人命を守るための　防災教育マニュアル
（しぜんさいがい　じんめい　まも　　　　　　ぼうさいきょういく）

2015年4月20日　第1版第1刷発行

著　者	柴山元彦／戟　忠希
発行者	矢部敬一
発行所	株式会社　創元社
	http://www.sogensha.co.jp/
本　社	〒541-0047 大阪市中央区淡路町4-3-6
	TEL.06-6231-9010（代）
	FAX.06-6233-3111
東京支店	〒162-0825 東京都新宿区神楽坂4-3
	煉瓦塔ビル
	TEL.03-3269-1051
印刷所	図書印刷株式会社

ⓒ2015 SHIBAYAMA Motohiko & HOKO Tadaki, Printed in Japan
ISBN978-4-422-31039-8 C0036
〈検印廃止〉落丁・乱丁のときはお取り替えいたします。定価はカバーに表示してあります。

JCOPY　〈(社)出版者著作権管理機構　委託出版物〉
本書の無断複写は著作権法上での例外を除き禁じられています。複写される場合は、そのつど事前に、(社)出版者著作権管理機構（電話03-3513-6969、FAX03-3513-6979、e-mail: info@jcopy.or.jp）の許諾を得てください。